Christina Buchner • Lesen lernen mit links

Christina Buchner

Lesen lernen mit links

... und rechts, gehirnfreundlich
und ohne Stress.
Bilder, Geschichten, Ideen
für Lehrer, Eltern und
Therapeuten

Bibliografische Information der Deutschen Nationalbibliothek

Die Deutsche Nationalbibliothek verzeichnet diese Publikation in der Deutschen Nationalbibliografie; detaillierte bibliografische Daten sind im Internet über http://dnb.d-nb.de abrufbar.

Impressum
ISBN: 9783756230525
Die Erstauflage erschien 1993 bei VAK GmbH, Kirchzarten bei Freiburg
© der Neuauflage: 2022 Christina Buchner. Alle Rechte vorbehalten.
Coverbild: © Christina Buchner
Zeichnungen und Fotos: © Christina Buchner
Satz und Layout: Daniela Brotsack, www.korrekt@exlibris-d.de
Herstellung und Verlag: BoD – Books on Demand, Norderstedt

Inhalt

Teil I – Eine neue Leselernmethode 11

Die Sache mit dem Lesen 13
Lesenlernen ist anstrengend 14
Zur Anstrengung verführen 16

Erfolgreiches Lernen für alle Kinder 19
Eine gut funktionierende „Hardware" 20
   Bewegungskoordination – Gehen – Laufen 20
   So kannst du konkret vorgehen 21
   Das Überqueren der Mittellinie 22
   Die liegende Acht 23
   Trainingsmöglichkeiten 24
   Das Gleichgewicht – die dritte wichtige Säule 25
Die „Software" muss stimmen 26
   Lernen mit beiden Gehirnen 26
Die Leselust muss geweckt und erhalten werden 28
   Die Vorleseviertelstunde 28
   Jeder in seinem Tempo 29

So werde ich vorgehen 30
Lesen kann von Anfang an spannend sein 30

Teil II – Materialien zum Lesenlernen 33

Die erste Geschichte am ersten Schultag 34
Anton mit dem langen Arm 35
Zu dieser Geschichte sind – auch ohne „echtes" Lesen – viele Aktivitäten möglich 37

Beschäftigung für eine ganze Woche 42
Wortkarten 42
Buchstabenjagd 46
Der A-Wörter-Sack 47
Riechen und essen 49
Räumlich-haptische Erfahrungen 50
Buchstaben fomen mit Knete 51
Wörter legen 53
Schreiben 54
   Individuelle Schreibblätter für die Arbeitsmappe 55
   Schreibübungen im Schwungheft 59
   Schreiben im Blankoheft 60
   Das Buchstabenheft 61

Zusammenfassung 62

So kannst du bei jedem Buchstaben vorgehen: 63

Mimi mit der kleinen Maus 65
Ottos tolle Oma 71
Roland, der rasende Rennfahrer 77
Brüller – Dauerbrenner – Knaller 78
Einige Beispiele für Sätze zum Legen mit den Kärtchen 82
Tom Trampeltier 83
Wörter zum echten Lesen 85
Diese Wörter kannst du turnen 89
Der wilde Wassermann 90
Eine Speisekarte 95

Phonetisches Verschriften – richtig dosiert 98
So kannst du vorgehen 105
Ein Wort zu den Lautketten 107
Und dann noch ein Wort zum korrekten Bewegungsablauf beim Schreiben 108
So kann es weitergehen 108
Es wird etwas ernster mit dem Schreiben 108

Ella Elefant 109
Wörter-Bingo 114
Leo, das lustige Lama 116
Arbeit mit Wörterlisten 121
König Karl sitzt in der Klemme 125
Sieben weiße Nordpolhasen 131
Wortkartenmemory 135
Isidor Igel 136
Dora Dussel, die schusselige Ente 141
Wortkarten legen in Partnerarbeit 146
Susi Sausewind 147

Das 100-Stunden-Lesetraining 152
Vom Entziffern zum flüssigen Lesen 152
Das Lesetraining – der Elefant in kleinen Stücken 153
Lesen lernt man nur durch Lesen 153
Lesenlernen bedarf der täglichen Arbeit in kurzen Einheiten von einer Viertelstunde. 154
Übung konkret 154
Das Uhrenbuch 155
Organisation und Kontrolle 156
Die erste Übungsphase 156
Die zweite Übungsphase 158
Die dritte Übungsphase 158

Zusammenfassung 160
Die Unke Ulla 161

Weitere Übungen mit den Wortkarten **168**
    Bingo mit Kartenauswahl 168
    Buchstaben suchen... 168
    Jagd nach „echten" Lesewörtern 168
    Memory mit Kartenauswahl... 168
    Karten ziehen – Sätze bilden 169
    Blitzlesen für zwei Kinder: einen Quizmaster und einen Spieler 169

Fredi Frosch..170

Buchstabenkekse...**175**
    Die Organisation...175
    Die konkrete Durchführung... 176

Ä und Ö: Eine Erweiterung des Repertoires **178**

Die goldene Gans 179

Die hopsende Hilda 185

Das Ei ist weg **189**

Bruno Brezel, der längste Dackel der Welt...193

Cäsar, der Clown 198

Eine bunte Gesellschaft: Ch, Sch, Ü **201**
    Das Sch schnauft ganz fürchterlich.. 202
    Ü wie Überfall... 202

Popcorn – Plopcorn 203
    Ablauf beim Popcorn-Kochen..208

Die Geschichte von Jocki Jockel 209

Vroni Vogelschreck..215

Zara Zefirotti 219

Xaver macht Faxen 224

Yvonne macht Krach.. 229

Quittengelee 233
    Quittengelee – in der Schule gekocht... 237

Schlussgedanken **238**

Quellenverzeichnis **239**

Über die Autorin **240**

Liebe Leserinnen und Leser,

ihr seid im Begriff, euch auf ein Buch einzulassen, das in vielen Punkten ganz anders vorgeht als herkömmliche Lehrwerke.

Mein Leselehrgang ist nicht deshalb entstanden, weil ich glaube, alles besser zu können. Er ist vielmehr einer Not entwachsen: Ich habe gesehen, dass ich es mit dem Abarbeiten einer Fibel samt dazugehöriger Arbeitsmittel und dem Befolgen der Vorschläge des Lehrerhandbuchs nicht schaffe, allen meinen Schülern einen Zugang zu den Freuden des Lesens zu ermöglichen und sie zu guten und begeisterten Lesern zu machen.

Und das wollte ich ganz unbedingt, nur war der gängige Weg wohl nicht der optimale, denn sonst hätte ich ja bessere Ergebnisse erzielen müssen.

Außerdem fand ich alles, was ich da im Unterricht machte, ziemlich langweilig. So wird es wahrscheinlich auch meinen Schülern gegangen sein.

Mein entscheidendes Erlebnis hatte ich auf irgendeinem Lehrertag. Da saß beim gemeinsamen Mittagessen eine Kollegin am Tisch, von der ich nur einen Satzfetzen aufschnappte „… und das K ist der König mit dem Schwert…".

Dieser Satz setzte bei mir eine ganze Salve an Vorstellungen in Gang: Genau das war es – Bilder und Geschichten!

Ich beschäftige mich, seit ich Lehrerin bin, mit allem, was die Gehirnforschung für uns zu bieten hat, denn ich wollte immer verstehen, warum manche Kinder so leicht und andere so schwer lernen. Das ist, wie man heute weiß, beileibe nicht nur eine Frage der Intelligenz.

Damals wurde gerade viel über die unterschiedlichen Funktionen von rechter und linker Gehirnhälfte geschrieben und es leuchtete mir sehr ein, dass Bilder den Lernprozess unterstützen.

Das war allerdings erst der Anfang, denn nur Geschichten und Bilder genügen natürlich nicht. Aber sie sind gerade am Beginn des langen Lernweges ein unersetzlicher Begleiter und Motivationsfaktor.

Ich finde es einen verhängnisvollen Fehler, dass beim Lesenlernen offenbar der Anspruch besteht, nur Texte zu verwenden, die die Kinder bereits selber lesen können. Da kann doch nichts Gutes dabei herauskommen. Und bis die Texte spannender werden, ist vielen Kindern schon die Lust vergangen und sie wischen zur Unterhaltung lieber auf diversen Geräten herum.

Ich finde, der Leseunterricht muss von Anfang an unterhaltsam, aber auch spielerisch und durchaus auch herausfordernd sein.

Wie diese Mischung zustande kommen kann, werde ich euch zeigen. Damit ihr beim Lesen nicht dauernd über sprachliche Komplikationen stolpern müsst, werde ich nur eine Geschlechterform verwenden: Manchmal die männliche, manchmal die weibliche. Gemeint seid ihr, meine lieben Leserinnen und Leser, immer in eurer Gesamtheit.

Und nun wünsche ich euch und mir, dass dieses Buch euch Schwung und Motivation gibt, mit euren Schülern die Wunderwelt des Lesens zu erobern.

Traunstein, im Sommer 2022
Christina Buchner

Teil I
Eine neue Leselernmethode

Die Sache mit dem Lesen

Mit atemberaubender Geschwindigkeit hat sich in den letzten 20 Jahren die Palette der Möglichkeiten des Lernens und der Informationsbeschaffung erweitert. Ich bin begeistert davon, dass ich nun sehr schnell Zitate orten, Quellen ausfindig machen und einen ersten Überblick über bestimmte Themen bekommen kann. Über Youtube lasse ich mir zeigen, wie man Spannbett-Tücher zusammenlegt oder Kaisersemmeln formt. All das ist grandios.

Es verändert unseren Alltag und unser Arbeitsleben. Und es führt häufig dazu, dass der Schule gegenüber Forderungen laut werden, die nicht immer vom nötigen „Hausverstand", sondern eher von unrealistischen Wünschen und Vorstellungen geprägt sind.

Doch auch in Zeiten fortschreitender Digitalisierung ist eines von höchster Bedeutung:

Wir brauchen eine Schule, die unseren Kindern dabei hilft, lebenstüchtig zu werden, und zwar in einem universellen Sinn.

Nun, ich frage mich, ob es wirklich sinnvoll sein kann, Kinder auf eine einzige und bereits sehr festgelegte und bestimmte Zukunft, die wir uns aus heutiger Sicht so und nicht anders ausmalen – nämlich die schöne neue digitale Welt – vorzubereiten oder ob es nicht verantwortungsbewusster, klüger, schlicht realistischer wäre, ihnen zuerst einmal ein Handwerkszeug mitzugeben, das sie unter sehr verschiedenen Bedingungen gut zurechtkommen lässt.

Digitales Handwerkszeug kann dann auf den Werkzeugkoffer obenauf gepackt werden, aber zuerst einmal müssen die basalen Grundlagen geschaffen werden.

Kinder, die perfekt lesen, schreiben und rechnen können und die eine hohe Sprachkompetenz besitzen, werden für die Zukunft besser gerüstet sein als Kinder, die vielleicht in verschiedenen Förderkursen einiges an Spezialkenntnissen erworben haben, die aber über diese basalen Bausteine nicht verfügen.

Niemand bestreitet, wie wichtig es ist, mit den modernen Medien umgehen zu können.

Aber was nützt das den Menschen, wenn sie nicht in der Lage sind, auch längere und komplexe Texte zu lesen, das Wesentliche herauszufiltern und das Ganze dann auch wirklich zu verstehen und zu verarbeiten?

Wie leicht sind Menschen manipulierbar, die sich nicht differenziert mit verschiedenen Meinungen und Argumenten auseinandersetzen können!

Die Kulturtechnik des Lesens bildet nicht nur den Schlüssel schlechthin zum selbständigen Wissenserwerb, sie eröffnet uns auch den Zugang zu Phantasie- und Vorstellungswelten, die wir in unserem Gehirn erschaffen. Dieses Selber-Erschaffen von Vorstellungen ist etwas ganz anderes als das Konsumieren fertiger Bilder. Selbst geschaffene Bilder im Kopf unterhalten uns nicht nur, sie unterstützen das Gedächtnis beim Lernen, verhelfen zum Begreifen mathematischer Zusammenhänge, lassen Neues besser erfassen.

Lesen ist schlicht und einfach unersetzlich wichtig für unsere Autonomie.

Adam Riese wird folgender Ausspruch zugeschrieben: *„Ein jeder Mann soll rechnen lernen, damit er nicht betrogen werde."*

Das lässt sich sehr gut auf das Lesen ummünzen:

Wer versteht, was er liest, dem kann man nicht so leicht ein X für ein U vormachen und das bedeutet ein hohes Maß an Lebenstüchtigkeit.

Lesenlernen ist anstrengend

Maryanne Wolf sagt dazu:

„Diese Arbeit besteht aus einem Teil Entdeckung und vielen Teilen harter Arbeit."[1]

Diese „harte Arbeit" kann Kindern zugemutet werden, aber wir müssen sie zuerst einmal dahin bringen, dass sie sich diesen Anstrengungen auch aussetzen wollen.

Einfach nur, so wie früher, von den Kindern autoritär verlangen, das zu tun, es ihnen zu befehlen oder ihnen sogar zu drohen, das ist hoffentlich in den meisten Klassenzimmern Geschichte und es würde mit unseren modernen Kindern wahrscheinlich und gottlob auch nicht mehr funktionieren.

Dann gibt es die Möglichkeit, Kindern vorzugaukeln, das sei alles ohne Mühe, nur mit Spaß, möglich – dieser Schwindel fliegt nach kurzer Zeit auf.

Wie unfair war es von den Verfechtern der Ganzwortmethode doch, die Schulanfänger zunächst in dem Glauben zu lassen, das auswendige Einspeichern einiger Wörter sei bereits richtiges Lesen.

---

1 Maryanne Wolf, Das lesende Gehirn, Heidelberg 2014, S.139

Dieses Vorgehen führte natürlich dann zur Überschätzung der eigenen Kenntnisse und letztendlich spätestens zu dem Zeitpunkt, an dem „ernsthaft" analysiert und synthetisiert wurde, zu bitterer Enttäuschung. Das Argument, es würde die Kinder doch so unglaublich motivieren, wenn sie schon nach einigen Tagen kleine Sätzchen „lesen" könnten, fand ich immer unglaublich dumm. Denn auch ohne pädagogisches Fachwissen muss einem der Hausverstand sagen, dass bei einer Schulzeit von 13 Jahren die anfängliche Euphorie von ein paar Wochen nichts bedeutet, wenn danach Frustration und Enttäuschung kommen.

Was also ist zu tun? Denn unsere große und über die Fachgrenzen hinweg bestehende Aufgabe als Grundschullehrer ist diese:

Wir müssen unsere Schüler so gut in die vor ihnen liegende lange Zeit des Lernens einfädeln, dass Anstrengungsbereitschaft und Freude über die eigenen Fortschritte ein solides Fundament bilden, auf dem ein nachhaltiges Gebäude errichtet werden kann.

Zur Anstrengung verführen

Warum lernen Kinder? Das tun sie aus einem einzigen Grund: Weil sie wollen.

Und nur dann, wenn dieses Wollen im Kontext Lesen aktiviert werden kann, besteht die Aussicht, dass Kinder zu echten Lesern werden. Versetzen wir uns einmal in einen ABC-Schützen, der am ersten Schultag voller froher Erwartung im Klassenzimmer sitzt und stolz wie Oskar ist, jetzt zu den Großen, zu den richtigen Schulkindern zu gehören. Dann passiert vielerorts am ersten Schultag nichts Relevantes, aus Sicht des Kindes wird also nichts gelernt. Diese Enttäuschung kann verschmerzt werden, wenn es wenigstens ab dem zweiten Schultag richtig losgeht. Häufig tut sich auch da noch nichts Nennenswertes.

Wenn es dann mit dem Lesen irgendwann losgeht, sind die Texte für jedes auch nur halbwegs denkende Kind eine Zumutung. Ich zitiere aus einigen Fibeln.

Auf einem Bild mit spielenden Kindern sollen Sprechblasen entziffert werden:[2]

---

2 Katharina Berg, Astrid Eichmayer et al., Karibu Fibel, Westermann, Braunschweig, 2014

Ein Bild mit Kindern am Strand bietet diese Leseanreize:

> Leo, Leo?
> Uwe
> Wale?
> Male lila Wale.

In anderen Fibeln sieht es nicht besser aus. So sehen wir in der Jo-Jo Fibel eine Doppelseite mit spielenden und Picknick machenden Kindern. Ein Junge hängt kopfüber an einem Ast.

Auf dieser Seite lesen wir:[3]

> Anton in Not
> Anton
> Oooo

Auf der gegenüberliegenden Seite bekommt ein Mädchen gleichzeitig zwei Bälle zugespielt. Der Lesetext hierzu:

> Anita in Not
> Tina
> Anita

In älteren Ganzwortfibeln sieht es auch nicht besser aus. Die „Bunte Lesewelt" versucht Kinder durch Texte wie diese zu motivieren:[4]

> Uli sucht Ina
> Ina sucht Rudi
> Rudi sucht Evi
> Evi sucht Uli

> Rudi ruft Ina
> Evi ruft Rudi und Uli
> Uli ruft Evi und Rudi

---

3 Nicole Namour, Andrea Wimmer, Jo-Jo Fibel, Berlin, 2014
4 Adelheid Auf'm Kolk, Theodor Kuch, Bunte Lesewelt, Donauwörth, 1982

Die in Bayern ehemals sehr verbreitete „Leissl-Fibel" versucht es auf ähnliche Weise:[5]

> Kasperl ruft
> Ist Otto da?
> Ist Uta da?
> Ist Peter da?
> Ist Evi da?
> Wo ist Heini?

Diese Plattheit der Texte kann allerdings nicht den Fibelautoren angelastet werden, denn bis ein Lehrwerk endlich genehmigt wird, ist es durch so viele Arbeitskreise und Gremien gelaufen, haben so viele Köche an dem Brei mitgerührt, dass am Schluss etwas ziemlich Nichtssagendes und meiner Erfahrung nach auch nicht besonders Praxistaugliches herausgekommen ist.

Wenn der Leseunterricht so langweilig beginnt, dann bietet das für die meisten Kinder – davon bin ich überzeugt – nicht genügend Anreiz, um sich dafür besonders anzustrengen. Kinder leben in der Gegenwart. Das Argument, dass sie „später" einmal ganz, ganz tolle Geschichten lesen können, wenn sie nur jetzt genügend Arbeit investieren, zieht nicht.

Kinder wollen es „jetzt" schön haben. Und unsere pädagogische Kunst besteht darin, dieses „Jetzt" attraktiv und kindgemäß zu gestalten und dennoch nicht auf konsequente, langfristige Arbeit zu verzichten.

Dich auf dem Weg dorthin mitzunehmen, dich zu ermutigen, eigene und auch „unorthodoxe" didaktische Pfade zu beschreiten – das ist das Ziel, das ich mit diesem Buch erreichen möchte.

Die Regelschule ist der ideale Ort für individuelles Arbeiten: keiner pädagogischen Richtung verpflichtet, sind Lehrer hier frei in der Wahl ihrer Methoden. Das Maß für die Tauglichkeit einer Methode ist lediglich, ob sie dem Erreichen der Lehrplanziele nützt oder nicht. Ich finde, eine bessere Voraussetzung für wirklich autonomes und eigenverantwortliches Arbeiten gibt es nicht.

---

5 Anni Leissl, Fibelkinder 1, München, o.J.

Erfolgreiches Lernen für alle Kinder

Vielleicht denkst du dir jetzt: „Das ist ja alles gut und schön, aber es gibt doch Kinder, die sich schwertun, die vielleicht eine Leseschwäche haben."

Es ist ganz legitim, solche Gedanken und Vorbehalte zu haben, vor allem dann, wenn du schon die Erfahrung gemacht hast, dass Lernprobleme im Unterrichtsalltag keine sehr große Seltenheit sind. Allerdings kann ich dir aus langjähriger praktischer Erfahrung sagen, dass hier der Schule eine Schlüsselrolle zukommt und dass wir Lehrer viel mehr bewirken können, als für gewöhnlich angenommen wird.

Es geschieht leider viel zu häufig, dass Schwierigkeiten – ob nun beim Lesen, Schreiben, Rechnen oder im Verhalten – pathologisiert werden, was nichts anderes bedeutet, als dass den Kindern ein Etikett verpasst wird: Dyskalkuliker, Legastheniker, ADHS-Kind. Das führt aber leider nicht dazu, dass diesen Kindern dann eine wirkungsvolle Hilfe zuteil wird. In der Praxis sieht das vielmehr so aus, dass die Kinder zwar oft in irgendwelche Therapiestunden gehen, meist aber trotzdem nicht die erwünschten Erfolge erzielen und in der Schule letztendlich pädagogisch abgeschrieben werden. Das muss nicht so sein. Es ist normal, dass nicht alle Kinder genau in das vorgegebene Raster passen und das war auch immer schon so. Und es ist unsere Aufgabe als pädagogische Fachleute, Schule so zu gestalten, dass sie für alle Kinder passt, nicht nur für die bequemen, die normgerechten. Das Gute daran: Es liegt in deiner Hand, wie du das Lernen organisierst.

Wenn du den Blickwinkel änderst und nicht mehr in erster Linie auf den Unterrichtsstoff, den Lehrplan oder den Aufbau „schöner" Unterrichtsstunden fokussiert bist, sondern das Kind in den Mittelpunkt stellst, das schließlich all das verarbeiten soll, was wir ihm vorsetzen, dann hast du den ersten Schritt zur pädagogischen Autonomie getan. Der Maßstab unseres Tuns soll nicht der abgehakte Lehrplan sein, sondern die Frage, was das Kind am Ende des Tages kann. Wenn es dir gelingt, deinen Schülern den Zugang zum Lesen, Schreiben und Rechnen zu ermöglichen und wenn sie dann zur Krönung des Ganzen auch noch Freude daran haben, dann hast du alles richtig gemacht.

Schauen wir uns also an, was das Kind alles braucht, um erfolgreich und gerne lernen zu können.

Eine gut funktionierende „Hardware"

Die Gehirnforschung hat uns in den letzten Jahrzehnten wertvolle Erkenntnisse darüber geliefert, was sich positiv oder negativ auf die Fähigkeit zum schulischen Lernen auswirken kann.

Bewegungsarmut in der frühen Kindheit, fehlende Krabbelphase, ungünstige Dominanzmuster, das Erleben von Angst und Schmerz im Zusammenhang mit Lernen sind nur einige der Faktoren, die eine Rolle spielen können.

Eine schlecht funktionierende „Hardware" kann die Ursache sein, wenn Kinder rechts und links verwechseln, sich keine Buchstaben merken, ähnliche Formen nicht unterscheiden können, nicht zusammenlesen können, den Sinn des Gelesenen nicht verstehen.

In jeder Klasse gibt es Kinder, die zunächst einmal die genannten Symptome aufweisen. Wie wir heute wissen, hängen Bewegung und Gehirnentwicklung eng zusammen. Gezieltes Bewegungstraining ist tatsächlich „Gehirngymnastik". Deshalb kann auf gut geplante Bewegungseinheiten im Unterricht eigentlich nicht verzichtet werden.

Der Grund, warum ich die einschränkende Partikel „eigentlich" verwende, ist, dass in vielen Schulklassen auf diese gut geplanten Bewegungseinheiten eben schon verzichtet wird, obwohl das „eigentlich" nicht geht. Das Attribut „gut geplant" bezieht sich darauf, dass gezielt vorgegangen wird.

Lehrer müssen wissen, welche Bewegungsmuster trainiert werden sollen. Es ist hier nicht der Ort, dieses Thema gründlich zu behandeln, aber ich kann wenigstens einige wesentliche Schwerpunkte nennen.

Bewegungskoordination – Gehen – Laufen

Die Auseinandersetzung mit der Schwerkraft ist im Leben eines Kleinkindes ein beachtliches Thema. Sich aus dem Vierfüßlerstand aufzurichten bedeutet einen erheblichen Zuwachs an Autonomie: Die Hände sind frei, das Blickfeld ist größer. Irgendwie gelingt es allen Kindern, in den aufrechten Gang zu kommen. Doch nicht bei allen Kindern erfolgen Gehen und Laufen in optimaler Koordination. Die ist dann vorhanden, wenn sowohl das eine als auch das andere im Überkreuzmuster erfolgt, das heißt: Linkes Bein und rechter Arm schwingen nach vorne und rechtes Bein und linker Arm.

Wenn du mit deiner Klasse gezielte Bewegungsübungen zum Gehen und Laufen machst, dann sind damit zwei Vorteile verbunden:

Du siehst, welche Kinder mit der Koordination Schwierigkeiten haben, hast also ein „Diagnoseinstrument" zur Verfügung;

Das Bewegungstraining verbessert die Koordination und bringt das Gehirn in Schwung, und zwar bei allen Kindern.

So kannst du konkret vorgehen

Leg eine flotte Musik auf, etwas mit einem Vier-Schlag-Rhythmus, und lass die Kinder zu dieser Musik im Takt einfach auf der Stelle joggen. Schon wirst du deutliche Unterschiede bemerken:

Das Joggen im Takt – also dem Tempo der Musik angepasst – ist zunächst für alle Kinder eine Herausforderung. Aber einige deiner Schüler werden ziemlich unkoordiniert und hastig hampeln, andere schaffen es kaum, ihre vier Gliedmaßen zu steuern und dann gibt es Kinder, die sich geschickt anstellen.

Wenn du nur eine tägliche Joggingeinheit von einigen Minuten machst, wirst du merken, dass die Bewegungskompetenz der Kinder allmählich zunimmt.

Die Überkreuzbewegung

Nun kannst du noch gezielter vorgehen: Lass die Kinder langsame Überkreuzbewegungen ausführen:

Linkes Bein hoch, rechte Hand berührt das Knie

Rechtes Bein hoch, linke Hand berührt das Knie.

Ich gebe den Kindern immer das Bild: Stell dir vor, du zermanschst auf dem Knie einen Schokokuss oder ein Cremetörtchen: Patsch – und – patsch – und – usw.

Eine Vorübung zur Überkreuzbewegung

Wenn die Überkreuzbewegungen noch zu schwierig sind, eignen sich als Vorübung gezielte Beinbewegungen:

Arme hinter den Rücken legen, Beine schwungvoll im Takt zur Musik hochziehen, wie ein Storch.

Du hast also zum Thema Bewegungskoordination die Möglichkeiten:

Storchengang – Überkreuzbewegung – Joggen am Platz

Außerdem sind Spaziergänge im Freien eine effektive Trainingsmöglichkeit, denn unkoordinierte Kinder können zwar im Pausenhof rennen, bis ihnen das

Wasser herunterläuft, aber sie haben größte Schwierigkeiten, eine nennenswerte Strecke zu Fuß in normalem Schritt-Tempo zurückzulegen.

Für die bewusste Bewegungssteuerung brauchen wir zunächst einmal die Großhirnrinde, und erst bei gelungener Koordination können Bewegungsabläufe automatisiert und damit auch noch von anderen Gehirnbereichen – Basalganglien, Kleinhirn – gesteuert werden. Bei ungenügender Bewegungskoordination ist „geordnetes" Gehen Schwerarbeit und deshalb sind auch gerade die Kinder, die im Pausenhof rennen wie wild, beim Wandern die ersten, die fragen, ob es noch weit bis zum Ziel ist.

Das Überqueren der Mittellinie

Ein weiteres Thema für das schulische Lernen ist das Überqueren der Mittellinie.

Neben der Umstellung von der dreidimensionalen Spielwelt auf die zweidimensionale Papierwelt der Schule müssen Augen und Gehirn sich nun auf das Arbeiten in Zeilen einrichten: von links nach rechts und dann wieder zurück nach links.

Das heißt: wir überqueren beim zeilenweisen Lesen und Schreiben viele Male die Körpermittellinie, sowohl mit den Augen als – beim Schreiben oder beim Mitdeuten mit dem Finger – auch mit den feinmotorischen Bewegungen der Hand.

Wenn wir nun wissen, dass das linke Gesichtsfeld beider Augen primär von der rechten Hemisphäre, das rechte Gesichtsfeld aber von der linken Hemisphäre gesteuert wird, dann muss uns auch klar sein, dass es bei jeder Lese- oder Schreibzeile zu einer Stabübergabe – ähnlich wie beim Staffellauf – kommen muss, damit alles glatt läuft. Das wiederum fällt nicht jedem Schülergehirn – und auch nicht jedem Erwachsenengehirn – auf Anhieb leicht.

Damit diese Stabübergabe der beiden Hemisphären mühelos vonstattengeht, ist – du wirst es dir schon denken können – ebenfalls Koordination gefragt, also die reibungslose Zusammenarbeit der beiden Hemisphären. Diese Zusammenarbeit erfolgt übrigens über die ca. 300 Millionen Nervenfasern der Brücke, die die beiden Hirnhälften miteinander verbindet.

Gehirnkoordination generell können wir durch tägliche Bewegungsübungen zum Gehen und Joggen verbessern.

Und durch Übungen mit der liegenden Acht können wir gezielt das Überqueren der Mittellinie üben. Auch da gilt wieder: Diese Übungen sind sowohl Diagnoseinstrument als auch Trainingsmodul.

Die Übung selbst ist denkbar einfach erklärt, hat es aber durchaus in sich, wenn sie ausgeführt wird. Das sehe ich immer bei den Lehrerfortbildungen, wenn manche Kolleginnen fast einen Knoten in ihre Arme machen.

Die liegende Acht

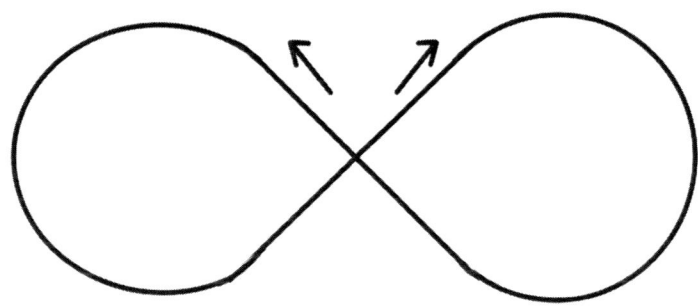

Stell dir vor, du hättest diese liegende Acht wie eine riesige Brille vor dem Gesicht, die Kreuzung liegt auf der Höhe deiner Nasenspitze. Mit deiner Schreibhand zeichnest du nun diese große liegende Acht in die Luft und zwar so, dass du in der Mitte jeweils aufwärts fährst und links und rechts an den Rändern abwärts.

Hier liegt bereits eine Schwierigkeit, denn die Acht soll in Aufwärtsrichtung gezeichnet werden. Dafür gibt es verschiedene Gründe, die anzuführen hier zu weit ginge. Doch allein, wenn du siehst, wie gerade die Kinder mit Lernschwierigkeiten mit dieser Aufwärtsrichtung Probleme haben, dann ist schon daran abzulesen, dass wir hier ein lohnendes Trainingsziel haben. Denn im Idealfall sind für uns alle Blick- und alle Bewegungsrichtungen gleich mühelos auszuführen.

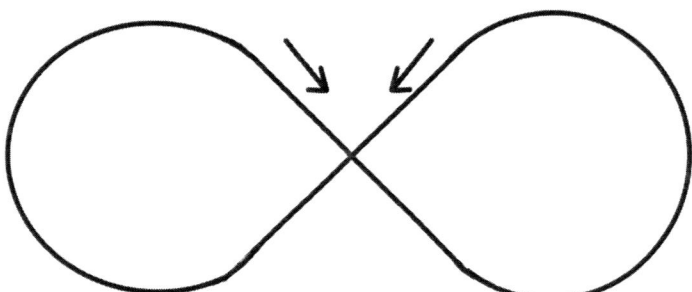

Fehlform: liegende Acht in Abwärtsrichtung

Beobachte dich selbst: Nicht wenige Lehrerinnen fallen mir in meinen Fortbildungen dadurch auf, dass sie hier ebenfalls Schwierigkeiten haben.

Weitere Fehlformen, die alle auf Probleme beim Überqueren der Mittellinie hindeuten:

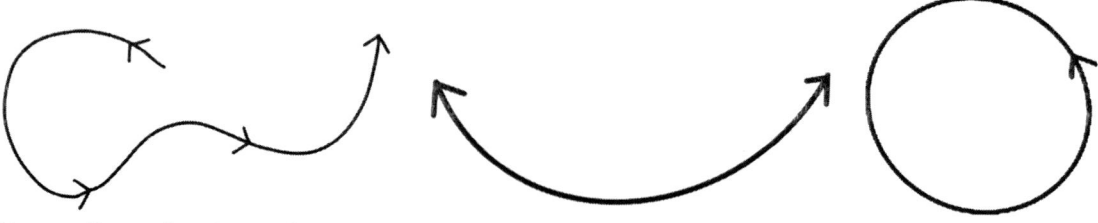

Unvermögen, die Mitte zu kreuzen Schaukelbewegung statt Achter Kreisverkehr statt Achter

Trainingsmöglichkeiten

- Liegende Acht in der Luft, einzeln mit beiden Armen, dann mit zusammengelegten Handflächen mit beiden Armen gleichzeitig
- Liegende Acht auf quergelegtem A4- oder A3-Papier
- Liegende Acht auf dem Boden aufkleben und nachgehen oder sehr großräumig auf dem Boden nachspuren
- Liegende Acht aus Knete formen und nachfahren lassen, auch mit verbundenen Augen

Außerdem: Der Königsweg zum Korrigieren von Buchstabendrehern

Wenn für Kinder b dasselbe ist wie d, dann ist ihr Gehirn noch nicht imstande, die Wahrnehmung der Zeichen im Raum nur auf visuellem Weg richtig zu organisieren, das heißt: für sie sehen Bild und Spiegelbild gleich aus.[6]

Ihnen nur visuelle Hilfestellung zu geben genügt nicht, sie brauchen die räumlich-visuelle Verknüpfung. Die kannst du unter anderem mit der liegenden Acht vermitteln. Lege dir Blankoblätter mit einem Bild der Acht bereit und lass immer dann, wenn der Fehler auftritt, sofort einige Schwungübungen auf dem Achterblatt durchführen, bei denen der Buchstabe in die richtige Hälfte der Acht gezeichnet wird.

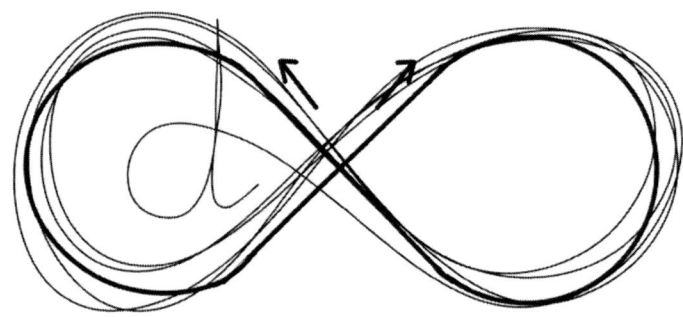

---

6   Stanislas Dehaene, Lesen, München, 2012, S. 347

Es werden in der richtigen Richtung – aufwärts – mehrere liegende Achten auf der Blankovorlage geschwungen und wenn das Kind dann gut in Fahrt ist, erfolgt aus dem Schwung heraus das Schreiben des Buchstaben. Das d kann nur in die linke Hälfte hinein geschwungen werden. So wird die Raumlage nicht über die Augen, sondern über die Propriozeption verifiziert. Eine Verstärkung der Übung erfolgt, wenn das Ganze mit verbundenen Augen gemacht wird, das geht aber erst nach gründlicher Vorübung.

Hier wird das b in den Achterschwung eingebaut.

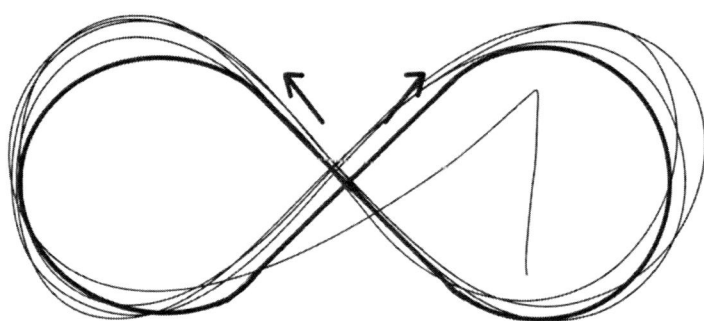

Das funktioniert auch mit Zahlen.

Das Gleichgewicht – die dritte wichtige Säule

Alle Übungen zum Trainieren des Gleichgewichts sind zugleich Übungen zur Verbesserung der Lernfähigkeit.

Hier einige Beispiele:

- Stehen auf einem Bein, die Hände über dem Kopf zusammenlegen und das Ganze 60 Sekunden aushalten
- Stehen auf einem Bein und dabei einen Rhythmus nachklatschen
- Stehen auf beiden Beinen, die Fingerspitzen vor dem Magen zusammenlegen, Augen schließen, um die Längsachse pendeln

Diese ruhigen Übungen eignen sich hervorragend, um nach einer Bewegungssequenz die Kinder wieder zu sammeln und auf die Konzentration für den nachfolgenden Unterricht einzustimmen.

Die „Software" muss stimmen

Ein Computer allein nützt uns wenig, wenn wir nicht die richtigen Programme haben, um damit zu arbeiten. Software und PC müssen zusammenpassen, sonst haben wir wenig Freude und ähnlich ist es beim Lernen. Was die Software für den Computer, ist die Lernmethode für unser Gehirn.

Deshalb ist es vor jeglicher Unterrichtsplanung wichtig, sich Gedanken über die Funktionsweise unseres Gehirns zu machen und auch darüber, wie wir den Lernprozess gehirnfreundlich gestalten, damit alle Kinder – wie unterschiedlich sie auch sein mögen – eine echte Lernchance bekommen.

Lernen mit beiden Gehirnen

Seit den bahnbrechenden Forschungen von Roger Sperry und Michael Gazzaniga[7] wissen wir, dass jede unserer Gehirnhälften ein Spezialist für bestimmte Bereiche und Funktionsweisen ist:

Linke Hemisphäre u.a.	Rechte Hemisphäre u.a.
linear	ganzheitlich
logisch	synthetisch
analytisch	ganze Bilder
Sprache	Gesamteindruck
Logik	Visualisation
Mathematik	Musik
abstrakte Symbole	Rhythmus
Zahlen	Tanz
Buchstaben	Kinästhetik
Regeln	Raumgefühl
Sequenzen	Tastsinn
Rechtschreiben	Gerüche

---

7 Thomas R. Blakeslee, Das rechte Gehirn. Das Unbewusste und seine schöpferischen Kräfte, Braunschweig, 1992

Ein Leselehrgang, der sich in erster Linie darauf konzentriert, den Schülern die abstrakten Zeichen – etwas anderes sind die Buchstaben ja nicht – so schnell wie möglich beizubringen, wendet sich zu sehr an das linke Gehirn und lässt die Möglichkeiten des rechten außer Acht. Nun heißt „gehirnfreundliches" Lernen aber nicht „linkshirniges" Lernen, es heißt auch nicht „rechtshirniges" Lernen, es heißt „beidhirniges" Lernen. Das ist übrigens das bewährte Prinzip aller Eselsbrücken und Mnemotechniken: Sie verbinden etwas Linkshirniges – zum Beispiel eine Geschichtszahl, eine Rechtschreibregel oder die Abfolge bestimmter Bestandteile einer Rede – mit etwas Rechtshirnigem, mit Bildern oder einem Vers:

Wer „nämlich" mit h schreibt, ist dämlich

Erst das Wasser, dann die Säure, sonst geschieht das Ungeheure!

753 schlüpfte Rom aus dem Ei

Sind die linkshirnigen Buchstaben verpackt in rechtshirnige Geschichten und werden sie zusätzlich noch verankert über ein Buchstabenbild, das zur Hauptfigur der Geschichte passt, dann verlieren sie ihren abstrakten und nichtssagenden Charakter und werden zu Gestalten, die dem Kind sehr wohl etwas sagen.

Thomas fragte mich: „Du, wie geht denn das d?" Und ich antwortete ihm: „So wie bei Dora Dussel", und sofort wusste er Bescheid. Denn Dora bildet mit ihrem Entenflügel ein D und über dieses Bild konnte Thomas die Buchstabenform aus seinem Gedächtnis heraufholen.

Außerdem werden die Buchstaben noch gefestigt durch grobmotorische Bewegungen und den Tastsinn (wichtig für die Raumlage!) und durch Essen und Riechen.

Die Leselust muss geweckt und erhalten werden

Dass Geschichten und schöne Inhalte unverzichtbar sind für die Lesefreude der Kinder, habe ich bereits ausführlich dargestellt.

Die Vorleseviertelstunde

Neben dem wöchentlichen Vorlesen der Buchstabengeschichte hast du noch eine weitere Vermittlerrolle: Du solltest – nein, eigentlich: du musst (!!) unbedingt deinen Schülern täglich vorlesen. Denk jetzt nicht sofort an Lehrplan, Pensum, Zeitnot und all das, was in Lehrerköpfen so schnell aufscheint, wenn der didaktische Trampelpfad verlassen wird.

Ich habe dieses tägliche Vorlesen über Jahrzehnte gemacht, in allen Klassen, auch in der Sekundarstufe, und bin nie deshalb in Zeitnot geraten. Du musst es nur gut planen.

Ich erzähle dir, wie es bei mir war: Wir haben täglich gut 20 Minuten Brotzeitpause gemacht. Die Kinder saßen an ihren Tischen, durften sich auch für die Pause umgruppieren und hatten 10 Minuten Zeit, zu essen und zu „ratschen", wie wir in Bayern sagen. Im hochdeutschen Klartext: Sie konnten sich unterhalten. Dann durften sie noch weiteressen, und im Anschluss an die „Ratschzeit" kamen 10–15 Minuten Vorlesezeit. Das machte ich täglich. Beim letzten Elternabend im Schuljahr brachte ich dann immer den Bücherstapel mit, den wir im Lauf des Jahres „aufgelesen" hatten. Es war unglaublich, wieviel bei nur 10 Vorleseminuten – aber das wirklich täglich – zusammengekommen war.

Dieses tägliche Vorlesen hat so viele nützliche Aspekte, dass ich gar nicht verstehen kann, warum das nicht in jeder Klasse geschieht:

- Sprachkompetenz aller Kinder wird gefördert
- Gerade Kinder mit Migrationshintergrund profitieren besonders deutlich
- Wortschatzerweiterung für alle
- Gruppenerlebnis stärkt Gruppenkohäsion
- Schöne „Jetztzeit"[8] in der Klasse macht Schule attraktiv

---

8 Christina Buchner, Unterricht entschleunigen, Weinheim Basel, 2017

Jeder in seinem Tempo

Lesen soll einen schönen Platz im Gefühlshaushalt der Kinder bekommen. Natürlich können wir ihnen die Arbeit, die mit dem Lernprozess notwendigerweise verbunden ist, nicht ersparen. Aber alleine über das Vorlesen und die Buchstabengeschichten schaffst du schon einen attraktiven Zugang zum Thema.

Wenn du dir für jeden Buchstaben eine ganze Woche lässt, so bist du sehr flexibel, was den Einsatz verschiedener Übungen betrifft und jedes Kind kann auf seinem Niveau arbeiten: mit Wortkarten, Wörterlisten, Knete, Buchstabenheft, MoPäd-Lesekartei usw.[9]

Jedes Kind kann aktiv sein, keiner muss das Gefühl haben, nicht mitzukommen und die gemeinsamen Aktivitäten tragen ebenfalls dazu bei, wirklich alle Kinder auf die Entdeckungsreise ins Leseland mitzunehmen.

Die Motivationskraft dieser vielfältigen Möglichkeiten kann gar nicht hoch genug eingeschätzt werden. Auch das ist ein Bestandteil eines gehirnfreundlichen Vorgehens.

---

9 Lesekartei Edition MOPÄD, Persen Verlag, Buxtehude, 2007

So werde ich vorgehen

Ich nehme dich mit in den Lehrgang und fange gleich ganz konkret so an, wie ich es auch mit meinen Schülern mache.

Die Vorschläge und Tipps stammen aus meiner Unterrichtspraxis und du sollst dir davon einfach das aussuchen, was für dich passt.

Theoretische Überlegungen sind eingestreut in die praktische Durchführung. Sie stehen jeweils in einem grau unterlegten Kasten oder sind durch eine eigene Überschrift deutlich gekennzeichnet.

Die Buchstabenfolge ergibt sich aus den didaktischen Zielen. Ich habe mit der Abfolge, die ich dir empfehle, die besten Erfahrungen gemacht. Aber selbstverständlich kannst du dir das so einteilen, wie es dir gefällt. Die Prinzipien des Leselehrgangs können auch mit jeder anderen Variante umgesetzt werden.

Ich gebe dir auch hin und wieder Tipps, wie du die Fibel, wenn sie nun schon mal da ist, in eure Aktivitäten einbinden kannst.

Ich werde auch für eine begrenzte Zeitspanne das phonetische Verschriften einsetzen, aber keine Angst: Sehr früh beginne ich mit einem einfachen Rechtschreibtraining. Lass dich einfach überraschen!

Lesen kann von Anfang an spannend sein

Fragen wir Vorschulkinder, was sie denn in der Schule lernen wollen, so kommt neben einigen anderen Sachen bei jedem Kind auch: Lesen.

Das wäre doch eigentlich eine tolle Ausgangssituation für uns Lehrer: Wir haben etwas in unserem pädagogischen Bauchladen, das die Kinder auch wollen.

Nun haben die ABC-Schützen naturgemäß keine Ahnung, welches Maß an Anstrengung und Ausdauer von ihnen aufgebracht werden muss, damit sie irgendwann in den Genuss des reinen Lesevergnügens kommen. Das ist nämlich erst dann der Fall, wenn dieses Lesen keine bewusste „Arbeit" mehr ist, sondern leicht und selbstverständlich – wie das Atmen – erfolgt.

Sind Kinder erst einmal so weit, dann genügt es für sie, ein Buch aufzuschlagen, und all die Figuren, die eine Kindheit so sehr bereichern können, steigen buchstäblich aus den Seiten. Wenn du Cornelia Funkes Tintenherz[10] gelesen hast, weißt du, was ich meine.

Vielleicht hast du das aber auch selbst erlebt, dass die Helden und Heldinnen der Bücher dich begleiten wie Freunde, dass sie dich trösten, ihre Abenteuer dich fesseln und das Zusammensein mit ihnen dich beglückt.

Wenn es dir gelingt, den Kindern einen Weg zu diesem Stadium des Lesens zu eröffnen, dann hast du ihnen etwas mitgegeben, was ihr ganzes Leben erfüllter machen kann.

Der Weg zu diesem strahlenden Ziel muss unbedingt bereits in den ersten Schulwochen beginnen.

Aber das funktioniert nicht mit: Leo! Leo! Wale? Male lila Wale!

So dumm sind die Kinder einfach nicht, dass sie sich damit ködern ließen, Arbeit und „Hirnschmalz" – wie wir in Bayern sagen – aufzuwenden, nur, um **das** dann lesen zu können.

Also nehmen wir unsere kleine Gesellschaft doch gleich am ersten Tag mit in die wunderbare Lese- und Geschichtenwelt!

Und wenn du wirklich erst etwas später mit den ABC-Geschichten beginnst, ist das auch kein Beinbruch. Wichtig ist nur, dass die Kinder so früh wie möglich eine Vorstellung davon bekommen, wie bunt und spannend die Lesewelt sein kann.

In Anlehnung an Bruno Bettelheim[11] behaupte ich: Kinder brauchen Geschichten und Bücher! Natürlich ist es wie bei so vielem in der Erziehung: Je früher wir beginnen, die Weichen zu stellen, desto besser!

---

10   Cornelia Funke, Tintenherz, Dressler Verlag, Hamburg, 2010
11   Bruno Bettelheim, Kinder brauchen Märchen, Deutscher Taschenbuch Verlag, München, 1982 und
     Bruno Bettelheim, Kinder brauchen Bücher, Deutscher Taschenbuch Verlag, München, 1985

Kinder sollten zum Zeitpunkt der Einschulung wissen, dass es so etwas wie „Schrift" gibt, dass aufgeschriebene Zeichen etwas bedeuten. Sie sollen also Begegnungen mit „Schriftlichkeit" im weitesten Sinn gehabt haben.

Idealerweise erfolgt das bereits ab dem Kleinkindalter durch das Vorlesen und das gemeinsame Betrachten von Büchern.

Diese präliterale Phase ist allerdings von den Schulanfängern in sehr unterschiedlicher Intensität erlebt worden.

Manchen Kindern ist bis zum Schuleintritt so gut wie gar nicht in der Familie vorgelesen worden. Diese Kinder werden zwar „irgendwie" schon wissen, dass Aufgeschriebenes etwas bedeutet, sind aber gegenüber jenen Kindern, die bei Schuleintritt schon tausende von Vorlesestunden genossen haben, sehr deutlich im Nachteil.

Im Idealfall sollten die Kinder die logographemische Phase erreicht haben:

Das Zuordnen gewisser markanter Gestaltmerkmale zu Bedeutungsinhalten, wie z.B. das typische M zu MacDonald oder die eckigen Zeichen von EDEKA zu einem Supermarkt usw.

Aber wie auch immer: Nach dem Erzählen oder Vorlesen der ersten Geschichte über Anton mit dem langen Arm wird der Name der Hauptperson – Anton – an der Tafel betrachtet, alle sprechen den Namen nach und das A wird besonders hervorgehoben.

Kinder, die mit einem „Literalisierungsdefizit" ihre Schullaufbahn starten, werden durch die intensive Beschäftigung mit Sprache und Buchstaben, die sich an jede Geschichte anschließt, sehr rasch erkennbare Fortschritte machen.

Es gibt viele Aktivitäten, bei denen alle mitmachen können, so dass es nicht gleich von Anfang an darum geht, besonders „gut" zu sein. Viel wichtiger ist es, mit Freude dabeizusein.

Teil II
Materialien zum Lesenlernen

Die erste Geschichte am ersten Schultag

Fibeln gehen von einer unseligen Voraussetzung aus: Kinder sollen beim Lesenlernen ausschließlich mit Texten arbeiten, die sie bereits selbst lesen können.

Da bleibt es nicht aus, dass unter dieser Prämisse nur die bereits angeführten „Rumpf-Texte" und Pseudogeschichten in Frage kommen.

Ich schlage einen anderen Zugang vor:

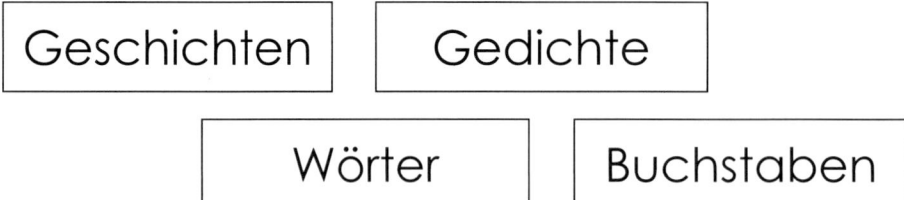

Diese Bausteine des Lehrgangs können von Anfang an – also wirklich ab dem ersten Schultag – eingesetzt werden.

Und wenn du eine Fibel in der Klasse hast, dann kannst du sie als zusätzliches Bilderbuch und später für vereinzelte Aufgaben benutzen.

Aber der Weg zum Lesenlernen sollte für die Kinder von Anfang an interessant, bunt und fesselnd sein.

Später kommen zu den bereits aufgeführten noch weitere Bausteine hinzu. Doch jetzt bleiben wir erst einmal beim ersten Schultag.

Ein großer Tag für die Schulneulinge. Alle wollen sie lernen, alle wollen sie schlau sein. Und wir tun gut daran, diese großen Erwartungen nicht zu enttäuschen durch einen belanglosen Einschulungstag, an dem eigentlich nichts Rechtes passiert.

Ich habe sogar von Klassen gehört, in denen die ganze erste Schulwoche nichts geschah, was die Kinder irgendwie mit echtem Lernen in Verbindung gebracht hätten.

Du machst das besser, wenn du deine Schüler gleich am ersten Schultag in die bunte Welt der Geschichten mitnimmst, indem du ihnen die Geschichte von Anton mit dem langen Arm erzählst.

Da geht es um ein Thema, das alle Kinder betrifft – um die ärgerliche Tatsache, dass sie für manches einfach noch zu klein sind.

Anton mit dem langen Arm

Ihr könnt euch sicher gut vorstellen, wie das ist, wenn ein Kind sich denkt: „Wäre ich doch schon groß!" oder: „Könnte ich doch auch alles so gut wie die Erwachsenen!"

Ein Junge, der sich das oft und oft gedacht hat, war Anton. Er mochte sich gar nicht gerne helfen lassen und wollte immer alles allein und selbständig machen. Dabei war er gerade eben erst sechs Jahre alt geworden und noch nicht einmal besonders groß für sein Alter. Deshalb musste er sich auch fast täglich so verhasste Sätze anhören wie: „Warte, Anton, da kommst du alleine noch nicht hoch!" oder: „Komm, lass dir helfen, ich bin ja doch ein ganzes Stück größer als du!"

Eines Abends – Anton hatte sich an diesem Tag besonders oft über dieses alberne Gerede ärgern müssen – ging er wütend und trotzig ins Bett. Beim Einschlafen wünschte er sich fest, so fest, wie er sich noch nie etwas gewünscht hatte – ja, was wohl? Er wünschte sich: Hätte ich doch nur keine so kurzen Arme. Hätte ich doch einen Arm, mit dem ich überall hinreichen kann, damit es nie mehr heißt: „Dafür bist du zu klein!"

Von dem vielen Ärger war Anton allerdings so müde geworden, dass er gar nicht mehr ordentlich zu Ende wünschen konnte. Er schlief auf einmal ein und hatte einen seltsamen Traum:

Es erschien ihm ein Zauberer, aber nicht so einer, wie er in seinem Märchenbuch auf dem Bild zum „Gestiefelten Kater" zu sehen war. Nein – der Traum-Zauberer sah überhaupt nicht böse oder gefährlich aus. Er wirkte eher gemütlich, wie ein lieber Onkel, mit seinen runden Backen und den freundlichen Augen hinter blanken Brillengläsern. Dennoch war er ganz unverkennbar ein Zauberer, denn er trug einen nachtblauen Mantel, bestickt mit allerlei magischen Zeichen, dazu einen hohen, spitzen Hut, und hielt in der Hand einen Zauberstab. Nun fing er an zu reden:

„Anton, wie ernst ist es dir mit deinem Wunsch? Willst du wirklich einen Arm, so lang, dass du überall hinreichen kannst?"

Anton, dem bei dieser Frage der ganze Ärger wieder einfiel, nickte eifrig.

„Überlege dir gut, was du sagst", warnte der Zauberer, „denn nicht immer gehen unsere Wünsche so in Erfüllung, wie wir uns das vorstellen!"

Doch Anton, der sich jetzt hellwach fühlte, sagte schnell: „Ich will wirklich einen ganz, ganz langen Arm, so lang, dass ich überall hinreichen kann."

Der Zauberer runzelte die Stirn und entgegnete ernst: „Nun gut, aber denke morgen daran, dass du selber es so wolltest."

Damit verschwand er. Anton aber schlief fest weiter und erwachte erst am Morgen zu der Stimme seiner Mutter, die rief: „Anton, was hast du denn vor deine Tür gestellt? Rück es bitte weg, damit ich hereinkann!" Völlig schlaftrunken und benommen wusste er zunächst gar nicht, wo er überhaupt war. Langsam erinnerte er sich an seinen Traum.

Er wollte seine Arme heben, um sich zu räkeln, da war er mit einem Schlag hellwach. Grundgütiger Himmel – sein rechter Arm! Der war ja so lang, dass er aus dem Bett auf den Boden hing und quer durch das Zimmer bis hin zur Tür lag, wo sich der letzte halbe Meter noch zu einer Art Knäuel eingerollt hatte. Deshalb also ging seine Zimmertür nicht auf!

Anton sprang aus dem Bett und schob seinen Arm von der Tür weg. Nun konnte die Mutter hereinkommen. Ihr könnt euch vielleicht vorstellen, wie entsetzt sie war, als sie die Bescherung sah! Das war ja nun wirklich eine schöne Geschichte! Es war völlig klar, dass Anton an diesem Tag nicht in den Kindergarten gehen konnte. Doch nicht nur das! Er konnte überhaupt nichts machen, denn das Ungetüm von Arm war ihm immer im Weg: beim Malen, beim Legobauen, beim Ballspielen, beim Essen – es war nicht auszuhalten. Als dieser schreckliche Trag zu Ende war, schlief Anton nicht wütend und verärgert, sondern traurig und völlig erschöpft ein.

Doch wie ich euch ja schon sagte, war der Traum-Zauberer ein lieber und guter Zauberer, dem es bestimmt nicht einmal „im Traum" eingefallen wäre, unseren Anton in der Patsche sitzenzulassen. Deshalb erschien er ihm auch schleunigst wieder und fragte ihn mit seinem freundlichen Lächeln: „Nun, Anton, wie ist es? Willst du deinen langen Arm noch einen Tag behalten?" Ihr könnt euch sicher denken, was Anton ihm geantwortet hat. Richtig! Er bat den Zauberer inständig, seinen Arm nur ja wieder so zu machen wie vorher.

Am nächsten Morgen gab es in der ganzen Stadt – was sage ich? – im ganzen Land – nein, auf der ganzen Welt – keinen glücklicheren Jungen als Anton, der mit zwei ganz gewöhnlichen Armen durch die Gegend hüpfte und gar nicht wusste, was er vor lauter Freude alles anstellen sollte.

Und was das Schönste an der Geschichte ist: Anton und seine Mama haben durch sie etwas gelernt – Anton, dass er sich nicht gleich so schrecklich ärgert, wenn er für etwas wirklich noch zu klein ist, und seine Mama, dass sie sich nicht immer gleich einmischt, wenn Anton etwas nicht gleich beim ersten Mal kann, sondern dass sie wartet, bis er sie um Hilfe bittet.

Zu dieser Geschichte sind – auch ohne „echtes" Lesen – viele Aktivitäten möglich

Man kann über ihren Inhalt gut mit den Kindern reden: Alle kennen die Gefühle, die Anton bewegt haben.

An der Tafel sehen die Kinder nun das Bild und daneben den Namen unseres Protagonisten:

Der erste Buchstabe in diesem Namen ist das A.

- Das Bild wird betrachtet, der Name Anton mehrmals gesprochen, mit überdeutlichem AAAA und dann wird der Buchstabe A im Anton-Bild gesucht, denn da hat er sich versteckt.
- Das A wird farbig in das Bild hineingemalt.
- Die Kinder bekommen ein Arbeitsblatt mit dem Bild und sollen als Hausaufgabe ebenfalls das A im Anton farbig machen.
- Sie bekommen auch noch ein Schreibblatt mit einer Schultüte, in die sie die geraden und schrägen Striche sauber schreiben sollen.
- Dann gibt es im Anschluss an die Geschichte und das Bild auch noch ein Lied.
- Und schließlich lernen wir auch noch eine Lautgeste für das A

Anton mit dem langen Arm – das Lied

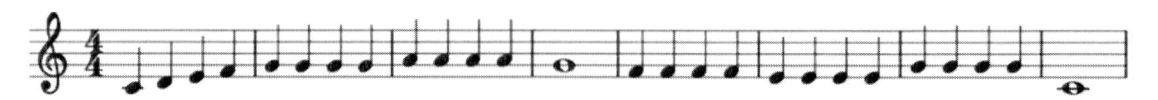

Anton mit dem langen Arm, o je, o je, o je, Anton mit dem langen Arm, o weh, o weh, o weh.

1. Anton mit dem langen Arm,
o je, o je, o je,
Anton mit dem langen Arm,
o weh, o weh, o weh.

2. Da kommt der gute Zauberer
o ja, o ja, o ja,
und macht den Arm so, wie er war.
Hurra! Hurra! Hurra!

2. Strophe
Zeile 1: Mit den Händen einen spitzen Zaubererhut auf dem Kopf formen.
Zeile 2: Dreimal nicken.
Zeile 3: Mit dem Arm winken.
Zeile 4: Bei jedem „Hurra" die Arme in die Luft werfen.

2. Strophe
Zeile 1: Mit den Händen einen spitzen Zaubererhut auf dem Kopf formen.
Zeile 2: Dreimal nicken.
Zeile 3: Mit dem Arm winken.
Zeile 4: Bei jedem „Hurra" die Arme in die Luft werfen.

Aa

Anton mit dem langen Arm

Lautgeste A

Wir stehen mit gegrätschten Beinen, legen die Arme an den Körper und sprechen: AAAA

Das schmeckt gut mit A

Ananas mit Sahne

Das riecht gut mit A

Anis

Die erste Schreibaufgabe

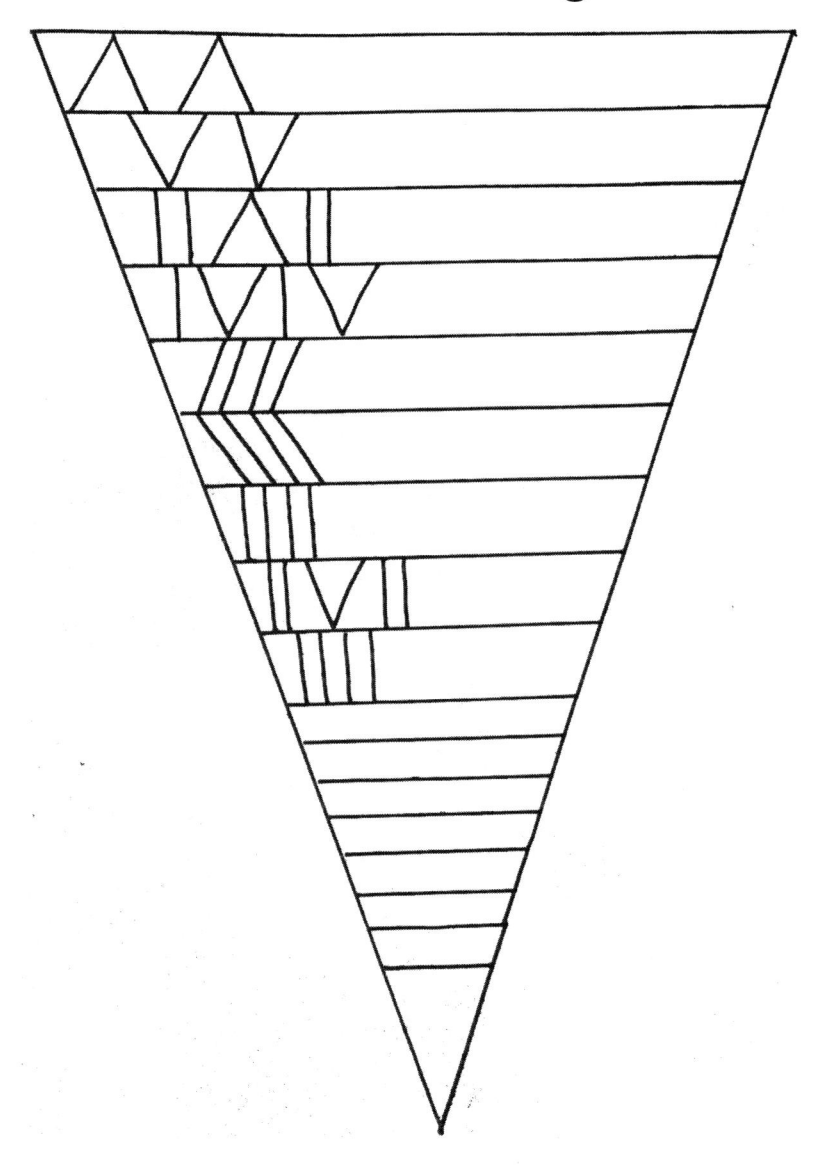

Für den ersten Schultag haben die Kinder nun einiges, was sie zu Hause erzählen können:

Sie haben

- Das A gelernt,
- die Anton-Geschichte gehört,
- im Anton-Bild das A gesucht,
- das Anton-Lied gesungen,
- den Buchstaben A „geturnt",
- eine echte Hausaufgabe bekommen.

Beschäftigung für eine ganze Woche

Nun kannst du dich mit deinen Schülern eine ganze Woche lang dem A widmen.

Da gibt es viele Möglichkeiten.

Wortkarten

Ich habe die Erfahrung gemacht, dass es sehr effektiv ist, einerseits von den einzelnen Buchstaben auszugehen und diese gründlich zu bearbeiten und zu speichern und andererseits von Anfang an Wortkarten einzusetzen.

Das hat einige Vorteile:

- Es kann der synthetische Charakter der Buchstabenschrift auf implizite Weise zum Thema werden, indem die Wortkarten zum Suchen einzelner Buchstaben und zum Abbauen von Wörtern benutzt werden.
- Das Abbauen von Wörtern geht wesentlich einfacher als das Aufbauen und kann wunderbar mit der ganzen Klasse geübt werden. Wer kann, spricht mit. Wer das noch nicht kann, lernt durch das Hören.
- Mit dem gemeinsam laut gesprochenen Abbauen von Wörtern wird sowohl die optische als auch die akustische Analyse eines Wortes durchgeführt.
- Wenn dann mehr Wortkarten vorhanden sind, kann mit ihnen das Bilden und Legen von Sätzen geübt werden.
- Verschiedenfarbige Wortkarten – je nach Wortart – sind der erste Schritt zum Bestimmen von Wortarten.

Die ersten Wortkarten:

Es gibt farbigen Kopierkarton, der sich für das Herstellen der Karten perfekt eignet.

Meine Karten sind 8 cm breit und 3,5 cm hoch.

Eine Tabelle mit zwei Spalten in diesen Abmessungen ist leicht erstellt.

Meine Farben: Substantive rot, Verben gelb, Adjektive grün, alles andere lila.

Die Kinder malen bei den roten Karten auf die Rückseite das passende Bild. Das ist gerade am Anfang sehr hilfreich.

Zur Anton-Geschichte gibt es drei Wortkarten:

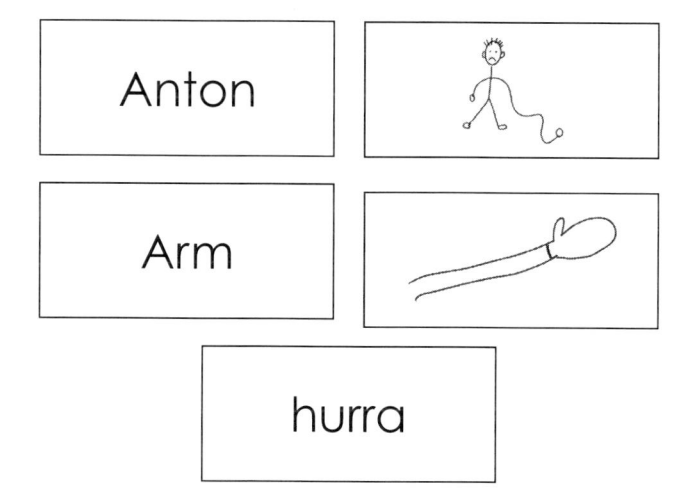

Übungsmöglichkeiten:

- Lehrerin nennt ein Wort – Schüler halten die Karte hoch

- Lehrerin zeigt eine Karte – Schüler nennen das passende Wort

- Wort steht an der Tafel – wird laut und betont von allen gesprochen. Lehrerin wischt letzten Buchstaben ab.
Das Restwort wird gesprochen. So geht es weiter, bis nur noch ein Buchstabe da ist.
Später können Wörter dann auch wieder aufgebaut werden. Diese Übung fördert die phonologische Bewusstheit.

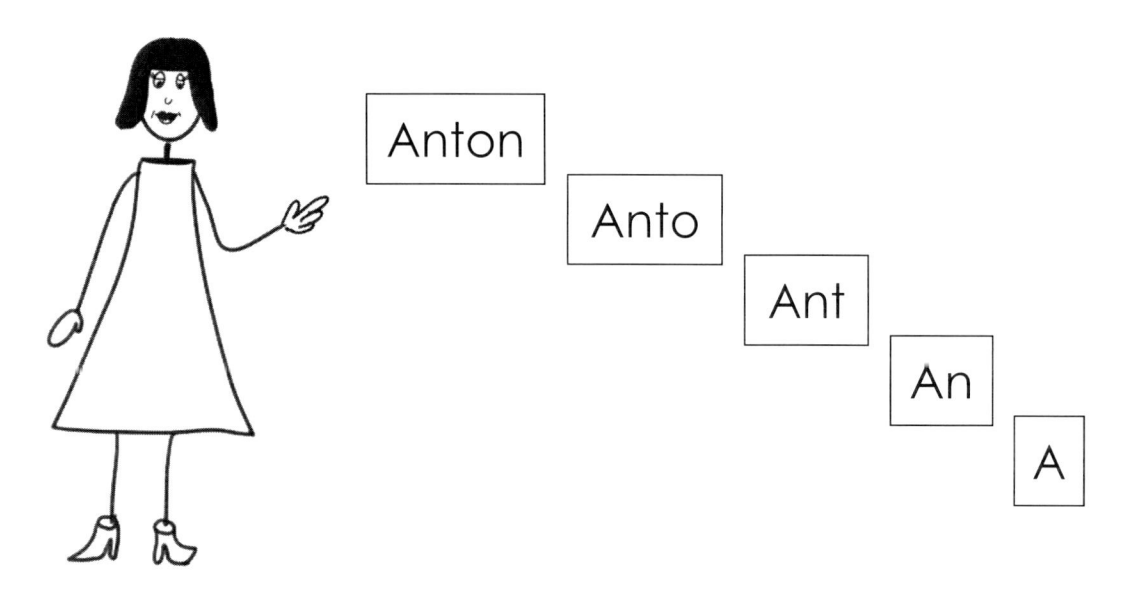

- Kartenwörter stehen an der Tafel. Das A wird gesucht und farbig nachgefahren oder umringelt.

- Ein kleiner Text zur Geschichte steht an der Tafel. Die Lehrerin liest den Text vor und die Kinder suchen Kärtchenwörter, die dann umrahmt werden.
  Diesen Text bekommen alle für die Lesemappe.
  Für sich genommen ist auch er nicht besonders spannend, aber das muss er auch gar nicht sein, denn er bezieht sich auf die von der Lehrerin erzählte Anton-Geschichte, die wiederum für die Kinder sehr spannend ist.

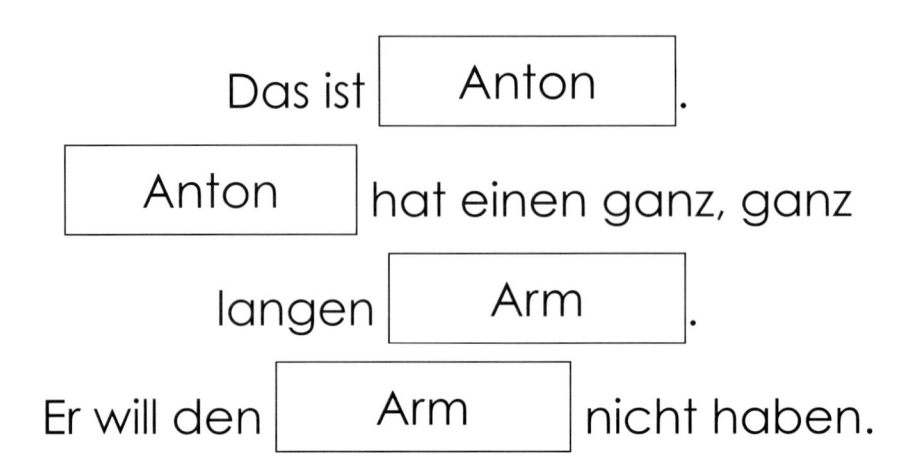

Das ist Anton .

Anton hat einen ganz, ganz langen Arm .

Er will den Arm nicht haben.

Buchstabenjagd

Diese Übung ist bei den Kindern sehr beliebt und wird trotz oder vielleicht gerade wegen ihrer Einfachheit immer wieder gerne gemacht.

Wir brauchen dafür Buntstifte und gefärbten Reis.

Das Färben von Reis geht ganz einfach. Du rührst Lebensmittelfarbe aus der Tube mit etwas Wasser an und legst Milchreis hinein. Dann verrührst du alles gut, gießt die Flüssigkeit ab und lässt die Reiskörner über Nacht trocknen.

Die Kinder haben Blätter mit dem Tafeltext vor sich liegen. Auf jedem Gruppentisch stehen ein oder zwei Behälter mit farbigen Reiskörnern. Runde Käseschachteln eignen sich gut, sie sind flach genug, dass die Reiskörner gut erwischt werden und sicherer als nur flache Teller.

Nun wird Jagd auf den neuen Buchstaben, in unserem Fall das „A a", gemacht. Überall, wo er vorkommt, wird ein farbiges Reiskorn hingelegt. Danach werden alle A/a farbig nachgefahren. Diese Übung wird bei allen Buchstaben auch mit den Buchstabengedichten gemacht, die sowieso alle Kinder auswendig können.

Immer, wenn das aktuelle Gedicht und der neue Text „durchgejagt" worden sind, werden auch alte Texte und Gedichte vorgenommen und die neu dazugekommenen Buchstaben auf diesen Blättern ebenfalls gefärbt.

> Das ist (Anton.)
> (Anton) hat einen ganz, ganz langen (Arm.)
> Er will den (Arm) nicht haben.

Nach einiger Zeit lasse ich die Buchstabenjagd nur noch mit dem Buntstift – ohne Reiskörner – durchführen. Doch gerade am Anfang finde ich die optisch/haptische Kombination sehr nützlich.

Der A-Wörter-Sack

Diese einfache Übung habe ich nur für die ersten fünf oder sechs Buchstaben im Programm, dann haben wir spannendere und anspruchsvollere Möglichkeiten. Aber gerade für den Anfang bietet der Buchstabensack eine spielerische und sinnvolle Variante zur Beschäftigung mit Wörtern und Buchstaben.

Das Ganze ist denkbar einfach: Du zeichnest einen leeren Sack auf ein DINA4-Blatt und beschriftest das Blatt mit den Buchstaben, die in den „Sack-Wörtern" vorkommen sollen.

Hier also:

Aaa

Wie du siehst, habe ich das „Zeitungs-a" mit aufgeführt, denn ich finde, es gehört zum Leselehrgang dazu, dass die Kinder diese häufig verwendete A-Variante von Anfang an kennen. Ich konnte auch nie feststellen, dass dadurch ein Kind „überfordert" gewesen wäre.

Wörter mit Aaa

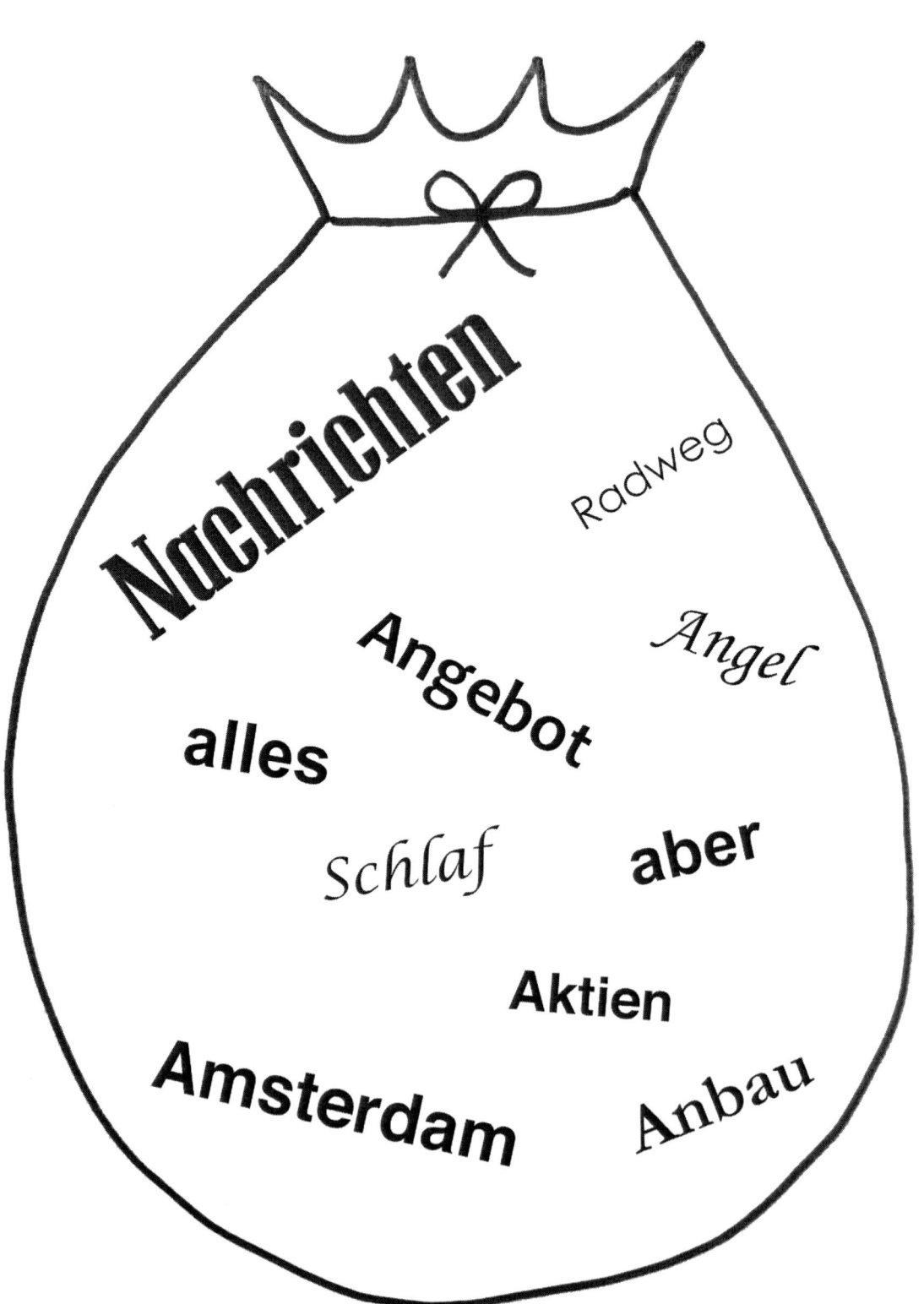

Nachrichten

Radweg

Angebot

Angel

alles

Schlaf   **aber**

Aktien

Amsterdam   Anbau

Riechen und essen

Es gibt zu (fast) jedem Buchstaben etwas, das man mit der Klasse essen kann.

Dieses gemeinsame Buchstabenessen einmal in der Woche ist für die Kinder ein Highlight, macht den Leseunterricht noch schöner und kindgerechter und sendet eine ganz wichtige implizite Botschaft: An diesem Ort gibt es etwas zu essen, es kann der schlechteste nicht sein.

Die Riecherfahrung zu jedem Buchstaben ist zusätzlich etwas, das den Leselernprozess bereichert, abrundet und einen zusätzlichen Anker für die Speicherung der Buchstaben schafft.

Anis riecht gut.
Du kannst auf einem Riech-Tisch Gerüche zu den gelernten Buchstaben aufbauen: entweder in der Gewürzdose oder, falls es sich um Duftöle handelt, ein präpariertes Wattebällchen in einem verschließbaren Glas.

Ananas mit Sahne schmecken gut.
Dafür kannst du gut Ananas aus der Dose nehmen und für die Kinder, die wollen, einen Klecks Sahne dazugeben.

Früher habe ich immer Sahne aus der Sprühdose genommen, aber mit steigendem Umweltbewusstsein habe ich dann Biosahne mit dem Handmixer geschlagen und mit dem Löffel verteilt.

Übrigens: Für jedes Kind eine Eiswaffel gibt dem Ganzen noch eine besondere Note.

Räumlich-haptische Erfahrungen

Grobmotorische Formerfahrung

Großes A und kleines a werden mit Tesakrepp auf den Boden geklebt, groß genug, dass die Kinder auf der Linie entlang balancieren können.

Praxistipp: Dafür eignet sich am besten das elastische Maler-Tesakrepp, ca. 2 cm breit, das von den Malern zum Abkleben verwendet wird und das sich sehr gut auch zu Rundungen formen lässt und darüber hinaus wieder gut vom Fußboden abgezogen werden kann. Es macht keine „Schweinerei", du bekommst also keine Probleme mit Hausmeister oder Putzdienst.

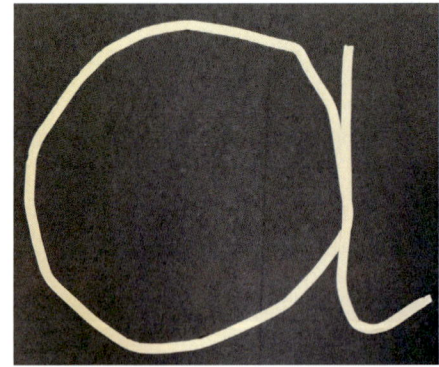

Buchstaben fomen mit Knete

Dazu brauchst du größere Mengen Knete. Die kleinen Kneteröllchen, die im Schreibwarengeschäft erhältlich sind, genügen nicht. Außerdem ist das handelsübliche Plastilin sehr hart und es dauert lange, bis es so weich geknetet ist, dass die Kinder damit formen können.

Ich mache die Knete deshalb selber und verrate dir hier das ultimative Kneterezept. Diese Knete hält einige Monate, irgendwann wird sie klebrig und dann musst du sie ersetzen. Außerdem muss sie in einem verschlossenen Tuppergefäß oder in einem Plastikbeutel aufbewahrt werden, sonst wird sie hart. Aber dieser kleine Aufwand lohnt sich, denn sie ist wunderbar weich und es ist für die Kinder – und für jung gebliebene Lehrerinnen – die reine Freude, damit Buchstaben zu formen.

Praxistipp:
Es kann für jedes Kind eine eigene Knetebox hergerichtet werden, dann muss niemand befürchten, sich an „fremder" Knete anzustecken. Und vielleicht helfen auch einige Mütter beim Herstellen. Du musst einfach fragen, meine Erfahrungen und auch die vieler Kolleginnen sind auf diesem Gebiet sehr positiv.

Das Rezept:

400 g Mehl
130 g Salz
2 EL Zitronensäure (gibt es als Pulver im Supermarkt in Tütchen dort, wo die Sachen zum Marmeladekochen sind)

Die trockenen Zutaten gut vermischen

Dazu kommen:
400 ml kochendes Wasser (Vorsicht!)
4–6 EL Öl
Lebensmittelfarbe
Alles gut vermischen – fertig!

Die Knete rührst du am besten mit der Küchenmaschine an.

Variationsmöglichkeit
Buchstaben mit Pfeifenreinigern formen

Die Buchstaben aus Plastilin und Pfeifenreinigern können übrigens auch mit verbundenen Augen ertastet werden, das aktiviert den Tastsinn und verschafft dem Gehirn weitere Bahnen, auf denen die Buchstaben ins Langzeitgedächtnis transportiert werden können.

Wörter legen

Der gute alte Setzkasten wäre auch heute noch ein praktisches Medium, aber er überfordert die meisten Kinder feinmotorisch und die meisten Eltern, wenn sie einen neu gekauften Setzkasten betriebsbereit machen sollen.

Eine sehr brauchbare Alternative sind jedoch die magnetischen Setzkästen, die es im Lehrmittelhandel gibt. Du brauchst auch nicht für jedes Kind einen eigenen. Es genügt, wenn einige Exemplare in der Klasse vorhanden sind. In Freiarbeitsphasen, die ohnehin unbedingt zu jedem Schultag gehören sollten, können dann die Kinder sich mit verschiedenen Übungen beschäftigen, eine Auflistung der Möglichkeiten kommt am Ende dieses Abschnitts.

Und in diesen Phasen steht dann für einige Kinder auch der magnetische Setzkasten zur Verfügung.

Magnetischer Setzkasten, erhältlich im Lehrmittelhandel.

Zum Legen von Wörtern eignen sich außerdem noch Legekarten aus fester Pappe im Format 6 x 6 cm. Du kannst die Blanko-Karten bei vielen Lehrmittelfirmen in Packungen zu je 60 Stück kaufen. Der Preis liegt unter 5 Euro pro Packung.

Beschrifte die Karten mit Edding, ordne sie in Kleinteilbehälter, die es im Baumarkt gibt, und schon hast du ein schnell hergestelltes und sehr variationsreich verwendbares Arbeitsmittel.

Mit Edding beschriftete Blanko-Karten

Schreiben

Schreibübungen können auf drei verschiedene Arten absolviert werden, von denen jede einzelne in meinen Augen nicht nur sinnvoll, sondern geradezu unentbehrlich ist:

- Individuelle Schreibblätter für die Arbeitsmappe
- Übungen im Schwungheft
- Schreiben im unlinierten Heft

Außerdem ist es sehr sinnvoll, vor dem Schreiben auf das Blatt oder ins Heft immer wieder großräumige Bewegungsspuren in die Luft zu zeichnen. Der Bewegungsablauf der einzelnen Buchstaben kann auf diese Weise gut verinnerlicht werden. Noch wirksamer ist diese „Schreibgymnastik", wenn dazu auch rhythmisch gesprochen wird.

Das könnte beim großen A zum Beispiel so aussehen:

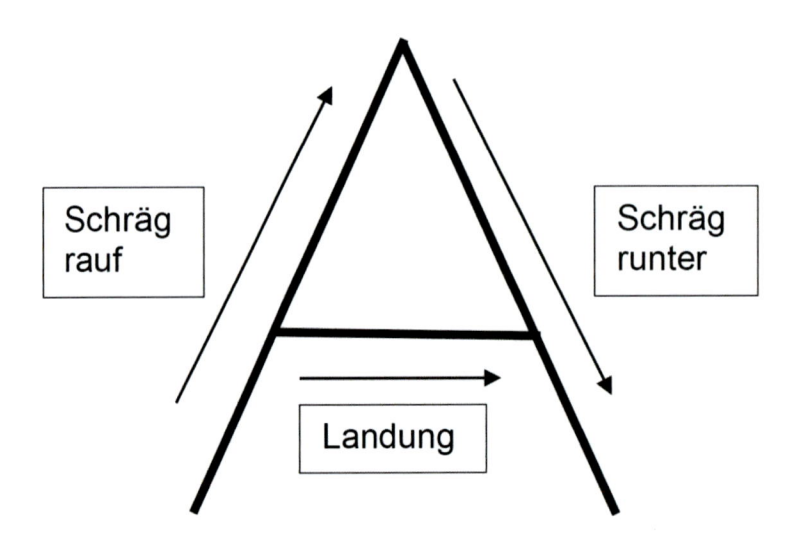

Schräg rauf — Schräg runter — Landung

Und beim kleinen a so:

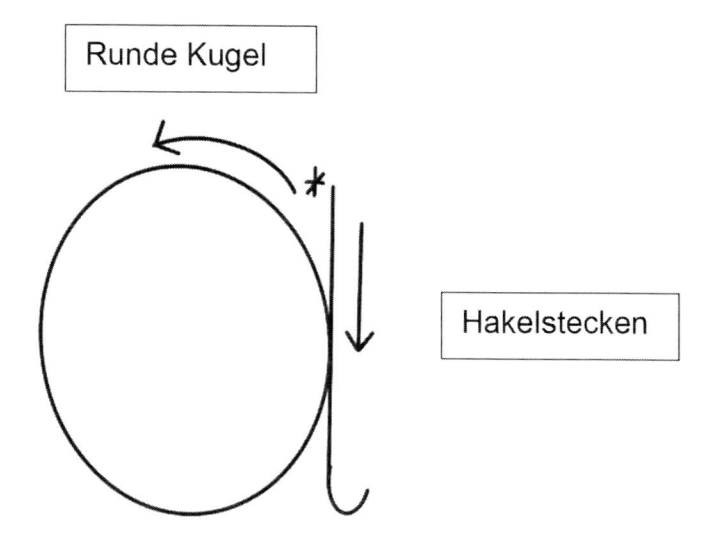

Runde Kugel

Hakelstecken

Hakelstecken ist der bayrische Ausdruck für einen Spazierstock mit gebogenem Griff.

Stattdessen ließe sich auch sagen: … und Spazierstock oder … Wanderstock. Das „und" vor Spazierstock stellt eine betonte Silbe voran, sodass das Ganze gut rhythmisch gesprochen werden kann.

Individuelle Schreibblätter für die Arbeitsmappe

Das Schultütenblatt am ersten Schultag ist ein Übungsblatt für Formelemente der Druckschrift.

Einige dieser Elemente sollen – sparsam dosiert – auch weiterhin geübt werden.

Vor allem aber können auf den individuell von dir für deine Schüler erstellten Blättern einzelne Buchstaben so geübt werden, dass die Kinder Vorgaben für die korrekte Strichführung bekommen.

Es ist nicht gleichgültig, ob senkrechte Striche von unten nach oben oder von oben nach unten gezogen werden, genauso wenig wie es egal ist, ob waagrechte Striche von links nach rechts oder von rechts nach links gezogen oder Kreise im oder gegen den Uhrzeigersinn geschrieben werden.

Du kannst auf den selbst gestalteten Schreibblättern die Größe der Übungsbuchstaben nach und nach verringern. Der Musterbuchstabe wird groß abgebildet und die Kinder sollen ihn – mit der korrekten Strichführung! – mehrmals nachfahren, so dass das Speichern von Form und Schreibrichtung erst einmal angebahnt wird.

Dann wird der Buchstabe von Zeile zu Zeile etwas kleiner.

Diese selbst gestalteten Schreibblätter sind meiner Erfahrung nach ein sehr wichtiger Bestandteil des Schreiblehrgangs, weil durch sie am besten und erfolgreichsten der korrekte Schreibablauf trainiert wird.

Ich weiß, dass es auch Kolleginnen gibt, die es den Kindern erlauben, Buchstaben einfach irgendwie abzumalen. Das wird dann oft auch noch euphemistisch verbrämt als „selbständiges Lernen".

Diese Herangehensweise ist einem gelungenen Schreiblernprozess in keiner Weise dienlich, denn flüssiges und geläufiges Schreiben kann nur dann entstehen, wenn die Bewegungsabläufe so sind, dass sie vorbereiten auf das verbundene Schreiben, also die Schreibschrift.

Haben Kinder sich erst einmal an das „malende Schreiben" gewöhnt, ist es sehr schwer, sie später zum „schreibenden Schreiben" zu bringen, das Bewegungsabläufe ökonomisch nutzt, um Buchstaben flott und flüssig aneinanderzureihen.

Die Schreibblätter für die Mappe gestalte ich übrigens immer handschriftlich, mit meiner persönlichen Schrift, auch wenn die Buchstaben dann nicht so perfekt sind wie auf den gekauften Schreibvorlagen. Ich finde das motivierender, aber das ist meine Herangehensweise. Vielleicht siehst du das anders und ziehst die perfekten Vorlagen vor.

Der große Buchstabe wird im vorgegebenen Bewegungsablauf – der ja beim „Luft-Schreiben" schon eingeübt wurde – mehrere Male nachgespurt. Ich nehme dafür gerne die Abfolge der 6 Regenbogenfarben (indigo lasse ich aus): rot – orange – gelb – grün – blau – violett.

Mit diesen Farben hast du einen Übungsablauf, den du immer dann einsetzen kannst, wenn etwas mehrere Male geschrieben werden soll. Das ist sehr praktisch und für die Kinder auch weniger langweilig als das Nur-so-Wiederholen.

Ich lasse dafür Holzbuntstifte nehmen und keine Filzstifte, die sehr schnell zerfasern, dann nicht mehr ordentlich schreiben und außerdem im Lauf der Jahre zu einem unansehnlichen Braun verblassen, während die Farben der Holzbuntstifte auch bunt bleiben. (Manche Kinder heben ihre Hefte ja wirklich auf.)

Muster für ein Schreibblatt

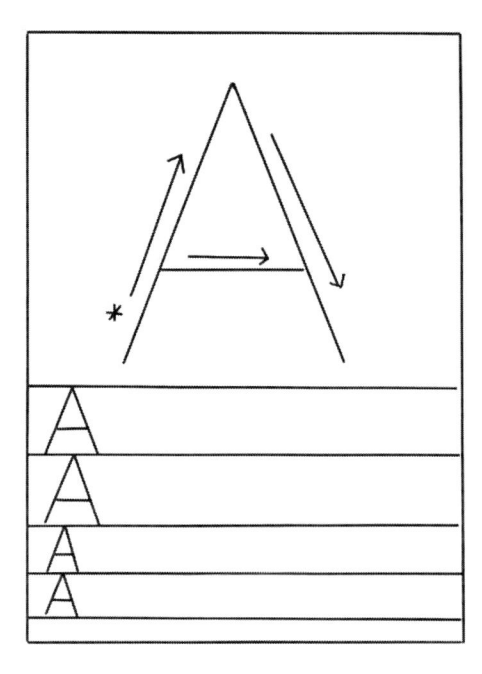

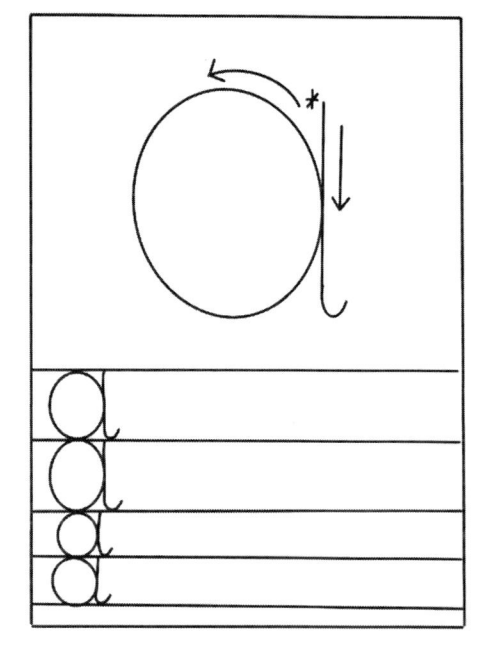

Du siehst, dass das a nicht einen geraden, sondern einen gekrümmten „Spazierstock" als Abschluss hat. Das entspricht nicht der momentan gebräuchlichen Normschrift, wird aber von mir dennoch so eingeführt und den Eltern gegenüber auch begründet.

Du wirst sicher bei einigen – eher sogar: bei vielen – Kindern festgestellt haben, dass das a mit dem geraden Stock leicht zu flüchtiger Schreibweise und zu Fehlformen führt.

Aus einem ordentlichen a wird dann schnell etwas, das so oder so ähnlich aussieht:

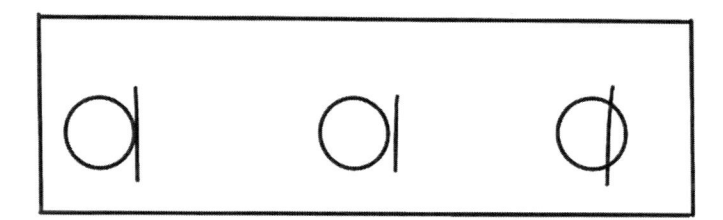

Warum das so ist? Ich habe darüber keine wissenschaftlichen Untersuchungen durchgeführt, habe aber eine Theorie: Ich beobachte, dass dieser gerade Abschluss bei vielen Kindern eher allzu flott und flüchtig neben die Kugel gesetzt wird. Er scheint diese schlampige Arbeitsweise bei entsprechend disponierten Kindern geradezu herauszufordern.

Der gebogene Abschluss hingegen führt meiner Beobachtung nach zu sorgfältigerem Schreiben. Er scheint eine gewisse Bremswirkung zu haben und dem allzu nachlässigen „Hinschludern" von Buchstaben entgegenzuwirken.

Bei unserem Unterricht sollten wir nicht nur auf das schauen, was jetzt gerade passiert, sondern es ist wichtig, immer zu überlegen, wohin unsere didaktischen Bemühungen führen.

Und beim Schreiben sollte dieses Ziel eine flotte, flüssige und gut lesbare Schreibschrift sein, die den Kindern mühelos gelingt, sodass sie ihre Energie für den Inhalt des Geschriebenen verwenden können und sich nicht mit dem bloßen Schreibprozess abmühen müssen.

Hier werden zwei Fliegen mit einer Klappe geschlagen:

Das kleine a wird sorgfältiger geschrieben, Fehlformen werden vermieden, was insgesamt zu einem ordentlicheren Schriftbild beiträgt.

Und wenn die Schreibschrift eingeführt wird, ist diese Buchstabenverbindung mit dem am Ende aufgebogenen Abstrich bereits als Bewegungsspur verfügbar und ist dann auch bei den Verbindungen mit m und n nützlich.

Schreibübungen im Schwungheft

Ich finde von den im Handel erhältlichen Schwungheften diejenigen des Regent-Verlages am besten.[12] Schwungheft Nr. 2 hat Zeilen, die in zwei Grüntönen – für oben und unten – gehalten sind. Schwungheft Nr. 3 hat dreigeteilte Zeilen: in der Mitte grün, oben und unten weiß. Diese Zeilen erleichtern den Kindern die Orientierung deutlich.

Ich schreibe für jedes Kind am Anfang der zu übenden Zeilen je einen Buchstaben – später auch ein Übungswort – vor. Das hört sich nach sehr viel Arbeit an, aber das ist nicht so. Du hast ja gerade zu Beginn der ersten Klasse noch sehr wenig Korrekturen, verglichen mit dem Unterrichten in einer höheren Klasse.

Das Vorschreiben von Buchstaben für 25 Kinder ist wirklich keine besonders große Arbeitsbelastung und der Übungseffekt spricht für sich.

Später werden auch Kärtchenwörter ins Schwungheft geschrieben, aber erst dann, wenn alle Buchstaben der Wörter bereits einzeln geübt wurden. Bloßes „Abmalen" von Wörtern finde ich nicht empfehlenswert.

---

12   Regent Verlag Heimerl GmbH, 91180 Heideck

Schreiben im Blankoheft

Mit dem Schreiben auf unliniertem Papier können die Kinder sich mit der Form eines Buchstaben vertraut machen, ohne durch Zeilenvorgaben eingeengt zu werden.

Ich habe mit dieser zusätzlichen Variante sehr gute Erfahrungen gemacht. Wenn dann einmal die ersten Kärtchenwörter richtig erlesen werden können, ist das Schreiben dieser Wörter in das Blankoheft eine weitere Übungsmöglichkeit.

Besonders praktisch ist auch hier wieder die Regenbogen-Abfolge:

Ein Regenbogen große A, ein Regenbogen kleine a,

oder einen sehr groß gemalten Bleistiftbuchstaben ins Heft schreiben – z.B. eine halbe Seite hoch – und diesen Buchstaben in den Regenbogenfarben nachfahren.

Das Buchstabenheft

Das Antonbild wird nicht nur in die Lesemappe geheftet, es kommt auch noch ins Buchstabenheft.

Ein unliniertes A5- oder A4-Heft wird doppelseitig bearbeitet:

Links wird das Buchstabenbild eingeklebt, auf dem – wie auch auf dem Blatt in der Lesemappe – der passende Buchstabe deutlich sichtbar gemacht wird. Auf der rechten Seite gibt es Platz für Regenbogenbuchstaben, es können auch ausgeschnittene Kärtchenwörter eingeklebt werden.

Später, wenn genügend Buchstaben durchgenommen wurden, können ganze Wörter auf die rechte Seite geschrieben werden. Manche Kinder nutzen die Freiheit, nicht durch Zeilen beengt zu sein, andere ziehen sich mit dem Lineal eine Bleistiftzeile. Ich habe das immer sehr frei gehandhabt und damit gute Erfahrungen gemacht.

Für das exakte Schreiben in vorgegebene Zeilen gibt es ja Schwungheft und Schreibblätter.

Zusammenfassung

Was hier exemplarisch am Beispiel des Buchstaben A vorgestellt wurde, wiederholt sich bei allen folgenden Buchstaben. Wenn genügend Buchstaben „gelernt" wurden, kommen noch Syntheseübungen und einige andere Möglichkeiten dazu.

Wichtig ist, dass die Kinder genügend Zeit bekommen, sich mit einem Buchstaben ausgiebig zu beschäftigen, ihn durch verschiedene Übungen gut kennen zu lernen und vertraut mit ihm zu werden.

Faustregel: Für jeden Buchstaben eine ganze Woche.

Früher hörte man immer wieder folgende Aussage: An Weihnachten können die Kinder lesen. So etwas zu behaupten, ist geradezu tollkühn, man könnte auch sagen: dämlich!

Lesen können! Das ist doch viel, viel mehr, als ein paar Wörter zusammenzubasteln, deren Sinn vielleicht gar nicht verstanden wird. Das Zusammensetzen von Buchstaben zu Wörtern ist ein wichtiger erster Schritt, aber eben ein erster Schritt, mehr nicht. Die vielen funktionellen Analphabeten, die es auch bei uns gibt, haben alle einmal den Leselernprozess durchlaufen, aber offensichtlich nicht mit nachhaltigem Erfolg. Damit dieser Erfolg für alle Kinder möglich wird, müssen wir ein ordentliches Fundament legen, und das geht eben nicht im Schnelldurchlauf. Deshalb also: Was wir machen, machen wir gründlich, gut durchdacht und so, dass alle Kinder sinnvoll beschäftigt sein können.

So kannst du bei jedem Buchstaben vorgehen:

Einführung

Vorlesen oder Erzählen der Buchstabengeschichte
Gemeinsames Betrachten des Bildes zur Geschichte an der Tafel.
Suchen des im Bild versteckten Buchstaben.

Vertiefung

Die folgenden Übungen sind in der Reihenfolge nicht festgelegt, du kannst sie so anordnen, wie es dir passend erscheint. Aktivitäten, die im Lauf der Woche immer wieder gemeinsam durchgeführt werden können, sind grau unterlegt.

Lied oder Gedicht zum Buchstaben gemeinsam immer wieder rezitieren	Gemeinsam etwas zum Buchstaben Passendes essen	Auf einem eigenen Platz zum Buchstaben passenden Duft bereitstellen
Arbeitsblatt mit dem Buchstabenbild anmalen, Buchstaben im Bild suchen und mehrmals nachfahren	Buchstabenbild ins Heft kleben, Doppelseite gestalten	Auf einem Arbeitsblatt mit dem Lied- oder Gedichttext die Kärtchenwörter suchen und umfahren
Wortkarten gemeinsam betrachten, Wörter kennen lernen, rote Karten (Substantive) auf der Rückseite illustrieren	Übung mit den Wortkarten: Karte nennen, Kinder halten die passende Karte hoch	Übung mit den Wortkarten: Eine Karte zeigen, Kinder nennen das passende Wort
Kärtchenwörter an der Tafel immer wieder gemeinsam abbauen	Die großräumige Lautgeste gemeinsam immer wieder ausführen – je mehr Buchstaben bekannt sind, desto abwechslungsreicher wird diese „Gymnastik"	Buchstabenjagd mit Reiskörnern auf Leseblättern in der Lesemappe

Für Freiarbeitsphasen

Tesakrepp-Buchstaben auf dem Boden nachgehen oder im Krabbeln entlang tasten oder sich blind führen lassen	Kärtchenwörter legen im magnetischen Setzkasten	Kärtchenwörter legen mit Legekärtchen
Düfte schnuppern und raten in der „Duft-Ecke"	Buchstaben mit Knete und/oder Pfeifenreinigern formen	Blindes Ertasten von Knete- oder Pfeifenreinigerbuchstaben

Schreiben

| Buchstaben großräumig im richtigen Bewegungsablauf in die Luft malen, dazu sprechen | Arbeitsblätter für den aktuellen Buchstaben: Schreiben üben von ganz groß bis allmählich kleiner werdend | Schreibübungen im Schwungheft: Die Übungszeilen sind von der Lehrerin „händisch" vorgeschrieben (s. Abb.) | Buchstaben ins Blankoheft schreiben: In verschiedenen Größen, als Regenbogen, auf selbst gezogener Bleistiftzeile usw. |

Einsatz der Fibel

Für das Schreiben in das Blankoheft, das Wörter-Abbauen oder auch das „echte" Lesen kann zusätzlich zu den Gedichten, Wortkarten oder Lesetexten die Fibel für die Jagd nach geeigneten Wörtern herangezogen werden.

Mimi mit der kleinen Maus

Seit einiger Zeit ist Mimi mit ihren Eltern gar nicht mehr zufrieden. Sicher: Papa ist lieb und lustig. Er spielt jeden Abend mit ihr und liest ihr schöne Geschichten vor. Auch Mama ist eigentlich ganz in Ordnung. Und trotzdem ist Mimi so böse auf ihre Eltern, dass sie beschließt, auszuziehen. Sie weiß nur noch nicht, wann.

Nun wirst du dich fragen, was denn Mimi so sehr verärgert hat. Das kann ich dir sagen. Mimi wünscht sich nichts so sehr wie ein Haustier, und diesen Herzenswunsch haben ihr die Eltern abgeschlagen. Goldfische oder einen Kanarienvogel hätte sie vielleicht bekommen, aber sie will ein richtiges Tier, eines mit einem weichen Fell, das man liebhaben kann.

Am liebsten hätte sie einen Hund. „Das geht nicht", sagt Papa, denn das Halten von Hunden ist in unserem Haus verboten." Dann eine Katze. „Das geht nicht", sagt Mama, „denn wir wohnen im ersten Stock, und eine Katze muss hinauskönnen."

Deshalb also ist Mimi böse. So böse, wie sie noch nie mit ihren Eltern war. Und dabei hat sie nächste Woche Geburtstag. Das kann ja ein lustiges Fest werden! Sie merkt gar nicht, dass Mama und Papa sich manchmal bedeutungsvoll ansehen, wenn sie sagt, dass sie dieses Mal zum Geburtstag überhaupt keine Geschenke will. Das meint sie natürlich nicht so ernst, aber sie muss doch irgendwie zeigen, dass sie sehr, sehr böse ist. Eigentlich wäre sie am liebsten mit Mama und Papa wieder gut, aber wie soll sie das machen, nachdem sie lauthals verkündet hat, sie würde nie, nie, nie wieder lieb sein?

Als der Geburtstag da ist, freut sie sich doch ein kleines bisschen, auch wenn sie das nie zugegeben hätte. Am Nachmittag kommen Onkel Hans, Tante Grete, Oma, Opa und Mimis beste Freundin Marlies. Papa und Mama sind im Esszimmer und richten Mimis Geschenke her.

Endlich ist es soweit: Die Tür geht auf, und Mimi wird feierlich zu ihrem Geschenketisch geführt. Da liegen Bücher, ein wunderschöner neuer Pullover und das Verrückte-Labyrinth-Spiel. In der Mitte steht der Geburtstagsring mit 8 Kerzen, und hinter den Kerzen, was ist denn das? Vor lauter Freude bekommt Mimi einen richtigen Schreck: Da steht ja ein blitzblanker Käfig, in dem wie verrückt ein süßes Tierchen herumflitzt. Mit einem Freudenschrei stürzt Mimi hin. „Das ist eine Wüstenrennmaus", sagt Mama. „Es ist zwar kein Hund, aber wir haben uns gedacht ..." Doch sie kann gar nicht mehr zu

Ende sprechen, denn schon ist ihr Mimi um den Hals geflogen und küsst sie stürmisch ab.

„Vielen Dank! Ich freu mich ja so!" Vergessen ist der ganze Ärger, vergessen sind Hund und Katze. Jetzt hat sie ja ein eigenes Tier. Sie nimmt sich kaum noch die Zeit, mit den Geburtstagsgästen Kaffee zu trinken und von der Nusstorte zu essen, die Oma eigens für sie gebacken hat. Den Rest des Nachmittags verbringen Marlies und Mimi im Kinderzimmer und spielen mit der Maus, die den Namen Molli bekommen hat, wegen ihres weichen molligen Fells. An diesem Abend schläft Mimi sehr glücklich ein.

Jeden Nachmittag nach den Hausaufgaben kommt nun Marlies zu Mimi, und dann bringen die beiden Mädchen der Maus alle möglichen Kunststückchen bei. Molli ist sehr gelehrig. Sie kann bald schon auf Kommando Männchen machen, sich im Kreis drehen, in die Luft springen und auf dem ausgestreckten Arm hin und her rennen. Wenn Mimi und Marlies dann hinausgehen, setzen sie Molli immer ganz gewissenhaft in den Käfig und machen das Türchen zu, damit sie ja nicht verschwinden kann.

Eines Tages läuft Molli gerade wieder im Kinderzimmer herum, da läutet Marlies an der Wohnungstür Sturm und will Mimi zum Drachensteigen abholen. Sie hat einen neuen Superdrachen bekommen, und draußen weht gerade ein richtig toller Wind. Mimi ist sofort Feuer und Flamme. Sie schlüpft nur noch schnell in ihre Jacke, dann flitzen die beiden los. An Molli denkt keine mehr.

Als Mimi wieder zurück ist, geht sie in ihr Zimmer, um ihre Schulsachen für den nächsten Tag herzurichten. Da sieht sie gerade noch, wie der riesige schwarze Peterle, der Kater von nebenan, aus dem Fenster in die Äste der großen Buche springt, die direkt vor dem Fenster steht. „Molli", ist ihr erster Gedanke. Sie läuft zum Käfig, das Türchen ist offen, von Molli keine Spur. Peterle wird doch nicht …

Nein, das will sie einfach nicht glauben. Sie sucht unter dem Bett, im Bett, hinter dem Schreibtisch, überall, doch nirgends ist Molli. Du kannst dir sicher vorstellen, dass Mimi an diesem Abend das Essen überhaupt nicht geschmeckt hat. Schweigsam sitzt sie am Tisch und kämpft mit den Tränen. Mama versucht sie zu trösten: „Wenn Molli wirklich weg ist, bekommst du wieder eine Maus!"

Doch Mimi will nicht irgendeine Maus, Mimi will ihre Molli. Sie weiß auch, dass sie am Nachmittag einfach weggerannt ist, ohne Molli wieder in den

Käfig zu setzen, und das macht die Sache nur noch schlimmer, denn sie hat deshalb ein schlechtes Gewissen. Sie ist schuld, wenn Peterle ihre süße, kluge Maus gefressen hat.

Als sie sich vor dem Zubettgehen auszieht, räumt sie ganz ordentlich ihre Kleider gleich wieder in den Schrank. Das ist bei ihr sehr ungewöhnlich, denn meistens liegt alles im ganzen Zimmer verstreut, und Mama muss sie mindestens zweimal daran erinnern, doch endlich aufzuräumen. Aber ein schlechtes Gewissen macht nicht nur traurig, es macht auch artig, und deshalb räumt Mimi heute also alles gleich auf. Als sie ihren Pullover in den Schrank legen will, spürt sie etwas Weiches, Kuscheliges, Warmes im Pulloverfach. Zuerst erschrickt sie ein bisschen, doch dann beginnt ihr Herz schneller zu klopfen. Sie fasst vorsichtig zu und – hat auch schon Molli in der Hand!

So ein Glück! Sie schmettert die Schranktür zu und führt vor Freude einen richtigen Indianertanz auf. Mama kommt gleich ganz besorgt gelaufen, weil sie denkt, Mimi sei vor Kummer übergeschnappt. Doch als sie mitbekommen hat, dass Molli wieder da ist, dass sie sich nur im Schrank versteckt hatte, freut sie sich genauso sehr wie Mimi und sagt lachend: „Diesmal war es ganz gut, dass unser Schlampinchen die Schranktür meistens offenlässt, denn sonst hätte sich Molli nicht so gut verstecken können!"

Mimi aber nimmt sich vor, jetzt immer besonders gut aufzupassen, dass Molli sicher in ihrem Käfig sitzt, denn den Schreck möchte sie nicht noch einmal erleben!

Wunderst du dich, dass nach dem A gleich das M kommt? Wie ich schon in der Einführung angekündigt habe, gehe ich in der Buchstabenfolge nicht alphabetisch, sondern didaktisch vor. Mein Ziel ist es, bald genügend Buchstaben auf Lager zu haben, um Wörter für „echtes" Lesen bilden zu können.

Ich beginne deshalb mit dieser Reihenfolge:

A – M – O – R – T – W – E – L – K – N – I – D – S

Das ist ungefähr das Buchstabenpaket für das erste Trimester. Mit den ersten sechs Buchstaben lassen sich schon viele Wörter bilden. Ich werde sie dir in eigenen Leselisten vorstellen.

Das Lied von Mimis Maus

Mi ma mutsch,
die Maus ist leider futsch!
Verkrochen hat sich dieses Biest,
so dass die Mimi traurig ist
Mi ma mutsch,
die Maus ist leider futsch!

Mi mu ma,
die Maus ist wieder da!
Sie hat sich nur im Schrank verkrochen,
und die Katz' hat's nicht gerochen.
Mi mu ma,
die Maus ist wieder da!

Dazu kann nach der Melodie von „Ri ra rutsch, wir fahren mit der Kutsch" gesungen werden.

Mm

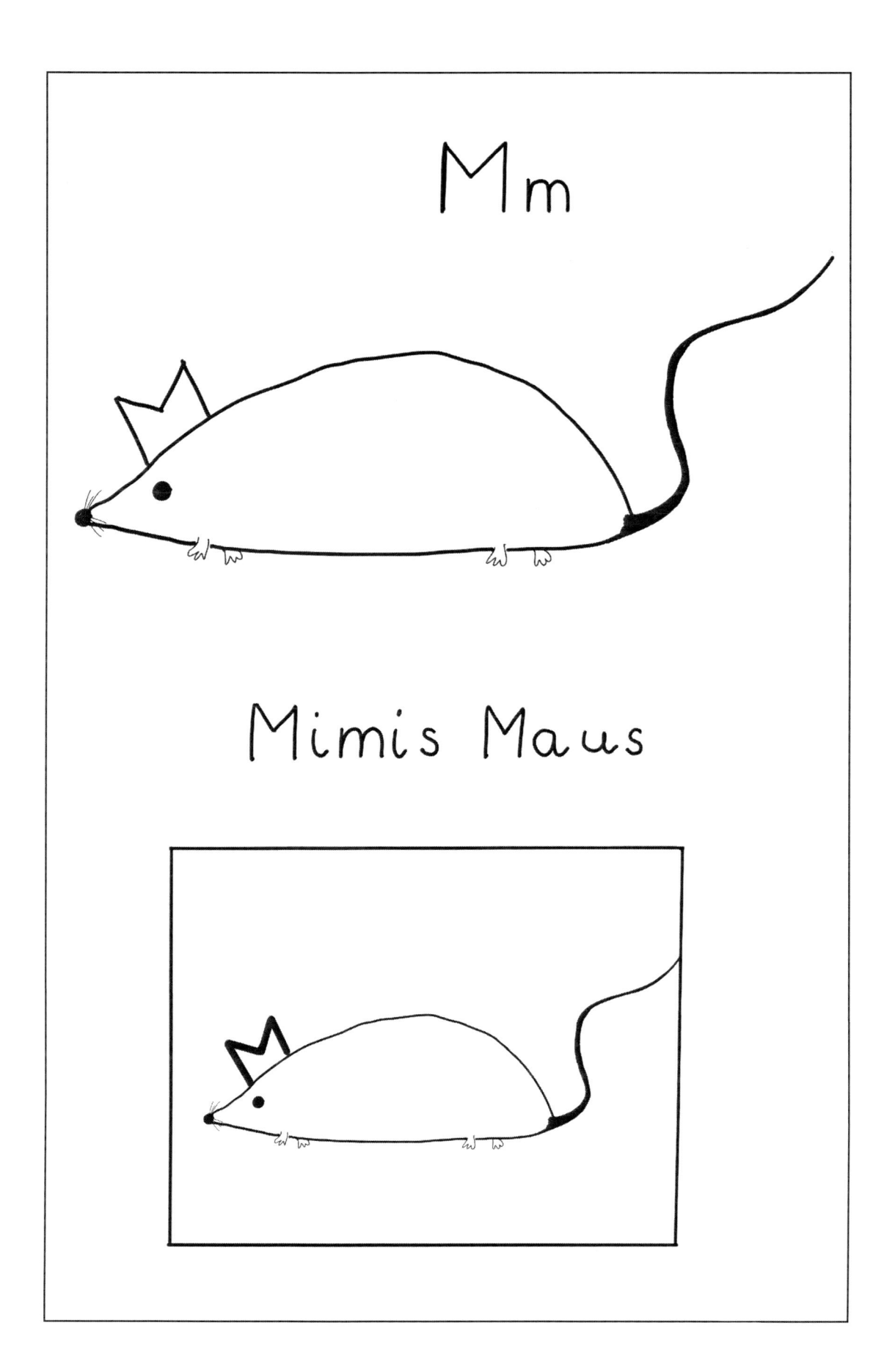

Mimis Maus

Lautgeste M

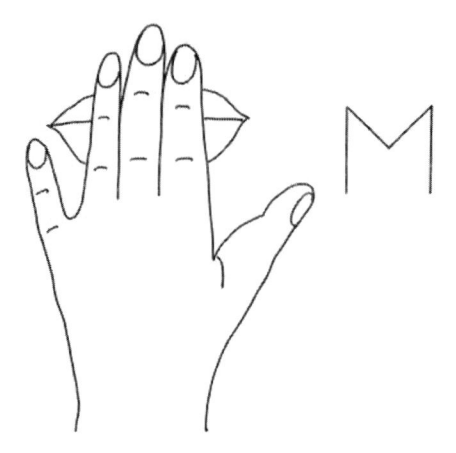

Diese Lautgeste kommt aus der Gebärdensprache: Drei Finger für die drei senkrechten Striche des kleinen m auf die Lippen legen, dazu das „mmm" sprechen.

Das schmeckt gut mit M

Melone
Mandarinen
Mandelkekse

Das riecht gut mit M

Muskat
Mandarinenöl
Minze

Wortkarten

Molli
ruft
Mama
Mimi

Ottos tolle Oma

Ottos Oma kann zaubern. Nicht so ganz richtig wie ein echter Zauberer, aber doch ein bisschen. Auf alle Fälle hat sie Otto schon so manches Mal mit ihren Künsten geholfen. Da gab es zum Beispiel vor einiger Zeit in der Schule öfter Ärger, weil Otto beim Abschreiben immer Fehler machte. Er konnte sich plagen, soviel er wollte, es war geradezu wie verhext: Immer wieder standen falsch geschriebene Wörter in seinem Heft. „Oma", fragte er deshalb eines Tages, „kannst du mir nicht einen Füller zaubern, der keine Fehler mehr macht? Mir hängt nämlich der ewige Ärger langsam zum Hals heraus."

„Nein, mein Junge", sagte Oma, „das wäre nicht gut für dich, denn dann würdest du das richtige Schreiben ja überhaupt nicht lernen. Ich weiß da etwas Besseres." Sie schwieg geheimnisvoll und wollte nicht verraten, woran sie dachte. Am nächsten Tag aber brachte sie Otto einen Füller, der genauso aussah wie sein alter. „Probier's doch mal mit dem", meinte sie und lächelte dazu. Otto konnte an dem Füller überhaupt nichts Besonderes entdecken und war eigentlich ein bisschen enttäuscht. Weil er aber seine Oma nicht kränken wollte, nahm er ihn mit in die Schule und benutzte ihn dort für einen Hefteintrag.

Als er bei der dritten Zeile war, hörte er plötzlich eine leise Stimme: „Aufpassen! Aufpassen!" Was war denn das? Er stieß seinen Nachbarn an und sagte: „Auf was soll ich denn aufpassen?" – „Wieso?" meinte der. „Ich glaube, du spinnst!" Otto war ganz verwirrt und schrieb weiter. Da – schon wieder die Stimme: „Aufpassen! Aufpassen!" Plötzlich ging ihm ein Licht auf: Das musste mit Omas Füller zusammenhängen! Er schaute sich genauer an, was er geschrieben hatte, und entdeckte auch wirklich einen Fehler. Jetzt verstand er, was Oma gemeint hatte: Sie wollte ihm keinen Füller zaubern, der ohne Fehler schrieb, sondern einen, der ihm half, keine Fehler mehr zu machen. Und weil ihn sein Zauberfüller von nun an auf jeden Fehler aufmerksam machte, hatte Otto jetzt immer tadellose Hefteinträge.

Doch davon wollte ich dir eigentlich gar nicht erzählen, sondern von einem Nachmittag, an dem Otto zuerst sehr unglücklich war, hinterher aber zum Sieger auf der ganzen Linie wurde, natürlich mit Hilfe seiner tollen Oma.

An diesem Nachmittag probierte er gerade auf dem Gehsteig vor dem Haus seine neuen Rollschuhe aus, als der freche Rudi mit seinem Freund Ernst daherkam, auch auf Rollschuhen. Die beiden machten sich nun einen Spaß daraus, den armen Otto zu ärgern. Sie flitzten ganz schnell an ihm vorbei und schubsten ihn, so dass er dauernd hinfiel, denn er war ja noch nicht so sicher auf den Rollschuhen. Ernst und Rudi lachten hämisch, als sie sahen, dass Otto mit den Tränen kämpfte.

Vor lauter Schadenfreude hatten sie gar nicht bemerkt, dass Ottos Oma das Spiel schon eine ganze Weile beobachtete. Sie kam nun auf die Kinder zu. Ernst und

Rudi waren blitzschnell hinter einem Baum verschwunden und hänselten aus ihrem Versteck hervor: „Otto, Feigling! Otto, Feigling!" Da hatten sie aber nicht mit der tollen Oma gerechnet, denn die rief zurück: „Wer ist hier der Feigling? Komm doch her und lauf mit mir um die Wette, wenn du dich traust!"

Da fühlte sich der Rudi natürlich ganz stark. Grinsend kam er näher. „Wir laufen von hier bis zu dem Ahornbaum dort hinten und wieder zurück", schlug Oma vor. „Sieger ist der Schnellere. Was kriege ich von dir, wenn ich dich besiege?" Das war für Rudi kein Problem. Die Oma sollte ihn besiegen? Ausgeschlossen! Er war sich völlig sicher, das Rennen zu gewinnen, deshalb bot er der Oma als Siegesprämie das Kostbarste an, was er besaß: eine Wasserpistole, mit der man fünf Meter weit schießen konnte. So eine Pistole hatte außer ihm kein Kind.

„Gut", sagte die Oma. „Und wenn du gewinnst, bekommst du von mir fünf Euro." Sie zog aus ihrer Tasche ein Paar Rollschuhe, schnallte sie an und stellte sich am Start auf.

Otto rief: „Achtung, fertig, los!" Oma schoss davon wie ein geölter Blitz. Auch Rudi gab kräftig Gas. Doch was war das? Seine Rollschuhe verhedderten sich plötzlich, und er fiel hin. Als er sich wieder aufrappelte, war Oma schon beim Ahorn angelangt. Sie winkte fröhlich und rief: „Hallo! Hier bin ich!" Das war ja allerhand! Rudi schnaufte wütend. Der wollte er's aber zeigen! Er legte wieder los. Doch kaum war er einigermaßen in Fahrt, verlor er das Gleichgewicht und stürzte noch einmal, diesmal nach hinten. Oma – schon auf dem Rückweg zum Ziel – sauste an ihm vorbei. Kaum stand er wieder auf den Beinen, hörte er: „Ziel!"

Da hatte er doch tatsächlich das Rennen verloren. Ganz blass vor Enttäuschung hielt er Oma die Wasserpistole hin. Sie steckte sie lächelnd ein und sagte freundlich: „Vielleicht überlegst du es dir das nächste Mal besser, bevor du wieder wehrlose Kinder ärgerst. Und außerdem, sooo toll kannst du ja eigentlich gar nicht Rollschuh laufen."

Als Rudi mit Ernst abgezogen war, fragte Otto seine Oma: „Sag mal, seit wann hast du denn Rollschuhe und wieso kannst du so phantastisch laufen?"

Oma lächelte: „Rollschuhe sind das nicht, mein Lieber, sondern Zauber-Rollschuhe. Und ich habe sie seit höchstens einer halben Stunde. Außerdem ist es bei ihnen auch gar nicht nötig, dass man Rollschuh laufen kann, denn sie fahren ganz von alleine. Ich schenke sie dir, und wenn dir der Rudi wieder einmal dämlich kommt, brauchst du ihm nur ein kleines Wettrennen vorzuschlagen. Du wirst sehen, wie schnell er dann friedlich wird."

Und wirklich hatte Rudi nach diesem Nachmittag überhaupt keine Lust mehr, Otto zu ärgern, sondern machte sich immer schleunigst aus dem Staub, wenn er ihn nur von weitem sah.

Ein kurzer O-Vers, immer im Kreis herum

Großes O und kleines o,
das geht einfach immer so

Mit den Händen rhythmisch, zum Vers passend, große und kleine O in die Luft zeichnen.

Oo

Ottos Rollschuh

Lautgeste O

Mit den beiden Armen wird vor dem Körper ein O geformt.

Das schmeckt gut mit O

Obstsalat

Obsttörtchen

Tipp: Obstsalat schmeckt nur selbst gemacht. Obsttörtchen mit gekauften Böden und mit frischem Obst belegt schmecken fein. Wer will, kann einen Klecks Sahne haben.

Das riecht gut mit O

Orangenöl

Wortkarten

Oma

Otto

kommt

mit

Sätze zum Legen mit den Kärtchen

| Anton | ruft | hurra |

| Mimi | ruft | Molli |

| Otto | kommt | mit | Oma |

| Otto | ruft | hurra |

Wörter für das Schwungheft

Mama, am

Roland, der rasende Rennfahrer

Vor ein paar Tagen ist Roland eine komische Sache passiert, und er weiß immer noch nicht: War das echt oder hat er sich alles nur eingebildet?

Du musst wissen, dass Roland ein begeisterter Rennfahrer ist. Jede freie Minute sitzt er auf seinem Go-Kart und flitzt auf dem Hof hinter dem Haus herum. Gott sei Dank ist dieser Hof ziemlich groß und daher zum Rennfahren einigermaßen geeignet. Aber Rolands Mutter wird immer ganz schlecht, wenn sie ihrem Sohn zusieht, wie er in die Kurven flitzt, dass es nur so rauscht. „Pass doch besser auf", ruft sie dann ganz besorgt, „du wirst noch irgendwo dagegen fahren!"

Das bräuchte sie allerdings Roland nicht zu sagen. Man kann ja von seiner Raserei halten, was man will, aber dass er sehr gut aufpasst, das hat er erst neulich wieder gezeigt. Da kam die alte Frau Berger, die sowieso schon so wacklig auf den Beinen ist, gerade auf den Hof, als Roland seinen wildesten Slalom fuhr, direkt auf sie zu. Sie stieß einen Schrei aus, sah sich im Geiste schon im Krankenhaus liegen und machte vorsichtshalber erst einmal die Augen zu. Doch nichts geschah. Als sie dann die Augen wieder öffnete, sah sie einen fröhlich winkenden Roland, der an ihr vorbeigefahren war und gerade wendete. Nein – Angst zu haben bräuchte man wegen Roland nicht.

Aber letzten Dienstagnachmittag – das war wirklich seltsam. Was Roland da gerade machte, brauche ich dir nicht zu erzählen. Du wirst es schon erraten haben. Richtig! Er fuhr mit seinem Go-Kart im Hof herum. Was heißt: fuhr! Er rannte, flitzte, raste, man konnte glauben, er würde jeden Moment anfangen zu fliegen! So toll hatte er es ja noch nie getrieben. Dass die Mutter besorgt aus dem Fenster rief, er solle langsamer fahren, wird dich nicht wundern. Und dass Roland sich darum nicht kümmerte und munter weiterraste, ist eigentlich auch klar.

Aber während er so flitzte, was die Kiste nur hergab, passierte es: Ein Hinterrad hatte sich von der Radstange gelöst und überholte Rolands Go-Kart. Vor Schreck hörte er auf zu treten, wurde langsamer, und auch das Rad wurde langsamer und war plötzlich wieder an seinem Platz. Roland war den Rest des Tages völlig verwirrt. Konnte es denn so etwas geben? Ein Rad, das von alleine losrannte und genauso von alleine plötzlich wieder an seinem Platz war? Sein Go-Kart war ihm auf einmal richtig unheimlich.

Deshalb fährt er seitdem etwas langsamer. Ob das allerdings lange anhalten wird, müssen wir abwarten.

Brüller – Dauerbrenner – Knaller

Wir haben jetzt bereits zwei Vokale und zwei Konsonanten gelernt.

Um Sprachgefühl und phonologische Bewusstheit der Kinder zu fördern, ist es gut, die Buchstaben und die durch sie repräsentierten Laute zu klassifizieren. Allerdings sollte das so kindgemäß sein, dass dadurch im Kopf konkrete Vorstellungsbilder entstehen können.

Die gängigen Bezeichnungen Vokale oder Selbstlaute und Konsonanten oder Mitlaute erfüllen diese Voraussetzung nicht. Auch die in meinen Augen etwas gequälte Bezeichnung „Piloten"[13] für die Vokale mag den Schulbuchautoren vielleicht als tauglich erscheinen. Ich glaube nicht, dass Kinder sehr viel damit anfangen können.

Ich ordne die Buchstaben in drei Gruppen:
Brüller, Dauerbrenner und Knaller

Die Vokale sind die Brüller. Warum? Nun, nur die Vokale kann ich beim Lautieren richtig laut herausbrüllen: Aaaaaaaa – Eeeeeeee – Iiiiiiii – Ooooooo – Uuuuuuuu

Dann gibt es noch die Dauerbrenner: Das sind alle Buchstaben, deren Laute ich wie Gummi in die Länge ziehen kann: mmmmm, rrrrr, sssss usw,

Und schließlich gibt es die Knaller:
Die sind wie ein Pistolenschuss: nur ganz kurz, eben wie ein Knall:
t! oder b! oder k! usw.

Beim Zusammenlesen sind die Knaller die schwierigsten Kandidaten. Darum ist es gut, zunächst einmal Silben mit einem Brüller und einem Dauerbrenner zu bilden, sowas wie: am, an, ma, la, ro, so usw.

---

13 Karibu, Fibel für Bayern, Westermann Verlag, Braunschweig, 2014

Roland, der rasende Rennfahrer

Roland rennt wie wild umher,
Rennen freut ihn gar so sehr.
Es macht peng!
Es macht krach!
Rollt das Rad dem Roland nach!

Zu den ersten beiden Zeilen: Lenkrad drehen mit beiden Händen.
Zeile 3: Bei „peng" stampfen.
Zeile 4: Bei „krach" klatschen.
Zeile 5: Mit den beiden Händen abwechselnd Kreise nach vorne beschreiben, wie beim Wolle wickeln.

Dieser Reim eignet sich gut als Schnellsprechvers. Dann werden auch die Bewegungen entsprechend flotter.

Rr

Der rasende Roland

Lautgeste R

Mit den Händen seitlich flattern, so, wie die Zunge beim „rrrr" flattert

Das schmeckt gut mit R

Radieschen, Ramabrot

Ramabrot ist immer ein Renner bei den Kindern. Auf „Leicht und Cross"-Brote streiche ich sehr dünn Rama auf.

Das riecht gut mit R

Rosmarin, Rosen, Rosenwasser

Wortkarten

Roland	Rad
Auto	das
dem	rennt

Einige Beispiele für Sätze zum Legen mit den Kärtchen

| Roland | rennt | mit | dem | Auto |

| das | Auto | rennt | Oma |

| Roland | kommt | mit | dem | Auto |

| Mama | ruft | Roland |

Tom Trampeltier

Hast du schon einmal etwas von den Brüllbären gehört? Nein? Das ist auch nicht schade, denn die Brüllbären sind eine liederliche Gesellschaft. Sie hausen im Wald in einer engen, schmutzigen Höhle. Weil sie zu faul sind, Beeren, Wurzeln und Kräuter zu suchen, ernähren sie sich von rohem Fleisch. Sie fangen Hasen, Rehe und auch andere Tiere und fressen sie auf. Die Reste lassen sie einfach vor ihrer Behausung liegen. Du kannst dir vorstellen, wie es da stinkt!

Ganz anders geht es bei den Kuschelbären zu. Sie halten ihre Höhle hübsch sauber und reinlich, sammeln das ganze Jahr über fleißig Beeren, Kräuter, Pilze und Wurzeln. Die kleinen Kuschelbären spielen friedlich miteinander Fangen oder Verstecken.

Tom ist eines der Bärenkinder. Er ist genauso lieb und friedlich wie seine Geschwister, aber er hat eine etwas ungewöhnliche Eigenart: Wenn er sich bewegt, macht er einen ungeheuren Lärm. Er konnte von klein auf nicht gehen oder gar schleichen, er trampelte nur. Wenn er im Wald unterwegs ist, hört sich das an, als käme eine Horde wildgewordener Nashörner angetrabt. Seiner Mutter ist das entsetzlich peinlich, denn so etwas passt einfach nicht zu den sanften Kuschelbären. „Tom, kannst du nicht etwas leichter auftreten", sagt sie oft, „du bist doch kein Trampeltier!"

Doch dann kommt der Tag, an dem alle froh sind, dass sie Tom haben, denn wäre er nicht gewesen … Aber das will ich dir der Reihe nach erzählen.

Die Brüllbären – du weißt schon, diese faule, unappetitliche Gesellschaft – beneiden die Kuschelbären seit langer Zeit schon um ihre hübsche, saubere und gemütliche Höhle. Sie sitzen oft zusammen und bereden, dass die bessere Höhle eigentlich ihnen zustünde, denn sie seien schließlich die Stärkeren.

Eines Tages, als es bei ihnen wieder einmal besonders stinkt, beschließen sie, die Kuschelbären zu überfallen und aus ihrer Höhle zu vertreiben. Sie nehmen sich Verpflegung mit, denn sie brauchen einige Tage, bis sie am Ziel sind. Das letzte Stück Weg schleichen sie nur noch, damit sie ja nicht vorzeitig entdeckt werden. Gehört hat sie auch keiner, aber weil sich der Wind gedreht hat, kann man sie meilenweit riechen.

Als die Kuschelbären merken, wer da kommt, laufen sie alle in die Höhle, schließen das große Tor und verriegeln es. Voller Schreck merken sie; dass einer fehlt: Tom Trampeltier! Er ist an den Fluss gegangen, um zu baden, und noch nicht zurück. Zitternd sitzen sie da und hoffen, dass die Brüllbären vorbeigehen und dass Tom nicht gerade jetzt zurückkommt und ihnen über den Weg läuft. Doch dann beginnt vor dem Tor ein großes Geschrei: „Kommt heraus und kämpft mit uns, ihr feiges Gesindel! Wenn ihr zu feige zum Kämpfen seid, dann haut ab und überlasst uns eure elende Behausung!"

Jetzt wissen sie, warum die Brüllbären da sind: Sie wollen sie aus ihrer gemütlichen Höhle vertreiben! Völlig ratlos überlegen sie, was sie machen sollen. Kämpfen kommt natürlich überhaupt nicht in Frage, und die Vorräte in ihrer Höhle reichen höchstens für zwei Wochen. Außerdem: Was soll aus Tom werden?

In dem Augenblick fängt draußen vor der Höhle ein richtiges Getöse an, das immer lauter wird. Das muss Tom sein! Ausgerechnet jetzt muss er nach Hause kommen!

Die Brüllbären hören den Krach natürlich auch. Weil sie aber von Tom nichts wissen, glauben sie nichts anderes, als dass eine Horde wilder Tiere käme, um den Kuschelbären zu helfen. Nun knacken und krachen die Äste schon ganz bedrohlich. Das Getrampel und Gestampfe kommt immer näher. Da ist es mit dem Mut der Brüllbären vorbei. Sie rennen Hals über Kopf davon, einer stolpert über den anderen. Und obwohl sie drei Tage gebraucht haben, um herzukommen, sind sie in einem Tag wieder zu Hause, so eilig haben sie es.

Tom aber ist von da an bei den Kuschelbären der Superheld. Es beschwert sich auch nie mehr jemand über sein lautes Getrampel, denn schließlich hat dieses Getrampel die Brüllbären in die Flucht geschlagen.

> **Wenn du das Gefühl hast, es passt bereits für deine Klasse, dann hast du jetzt die Gelegenheit, erste Syntheseübungen einzuführen. Es gibt einige echte Wörter, die aus den fünf Buchstaben gebildet werden können. Echte Wörter nenne ich solche, die auch im echten Leben vorkommen. Es heißt doch niemand Fu oder Fara[14]**

---

14   Fara und Fu, Westermann, Braunschweig, 2006

Wörter zum echten Lesen

Moor, Rom, Mama, Oma, Arm

Hier gibt's nur Knaller und Dauerbrenner, das sind die leichtesten Verbindungen.

Motor, rot

Hier ist in der Mitte oder am Wortende ein Knaller, das ist schon schwieriger

Tor, tot

Am Wortanfang steht ein Knaller, das sind die schwierigsten Verbindungen

*** Dann gibt es noch zwei seltenere Wörter:***

Rama

Wenn du mit den Kindern Ramabrot gegessen hast, kennen sie das Wort.

Tram

Dieses Wort wird nur wenigen Kindern etwas sagen und es ist mit den zwei Konsonanten am Wortanfang extrem schwierig, aber vielleicht hast du einige Spezialisten, denen das Spaß macht.

Tom Trampeltier

Tom Trampeltier,
der trampelt hier
so wie ein Stier
von eins bis vier.

Von vier bis sieben ist er still,
weil er nicht mehr trampeln will.
Dann macht er brav die Augen zu:
Tom Trampeltier gibt endlich Ruh'!

Zeile 1 bis 4: Rhythmisch von einem Bein auf das andere „trampeln".
Zeile 5: Finger auf den Mund legen.
Zeile 6: Kopf schütteln, mit den Händen verneinende Gesten ausführen.
Zeile 7: Kopf seitlich auf die gefalteten Hände legen, Augen zumachen.
Zeile 8: Bei „endlich" die Arme in die Luft strecken.

Tt

Tom Trampeltier

Tt

Tom Trampeltier

Lautgeste T

Einen Arm anwinkeln, mit der Faust des anderen Arms mehrere Male gegen die Mitte des abgewinkelten Unterarms stoßen und dazu deutlich artikulieren t – t – t.

Das schmeckt gut mit T

Tomatenbrot

Tortellini

Tipp: Auf einer Kochplatte können im Klassenzimmer Tortellini gekocht werden. Die Kinder haben einen Suppenteller und eine Gabel dabei. Jedes Kind bekommt auf seine Tortellini ein wenig Butter und – wenn es will – Parmesan.

Das riecht gut mit T

Thymian

Wortkarten

| Tom |

| trampelt |

Diese Wörter kannst du turnen

Das solltest du unbedingt mit den Kindern gemeinsam machen. Es ist sehr demotivierend für deine Schüler, wenn sie zu bestimmten Bewegungen animiert werden, ohne dass die Lehrerin mitmacht. Mir kommt das immer wie ein Dressurakt vor, mit den Schülern als „Zirkustiere".

Und vielleicht empfinden die Kinder das genauso, denn ich habe noch nie erlebt, dass Bewegungsübungen, welcher Art auch immer, in einer Klasse geklappt hätten, wenn die Lehrerin nicht mitmacht.

Bei diesen ersten fünf Buchstaben ist das Mitmachen für dich auch noch leicht, weil sie symmetrisch sind, bzw. – wie das R – symmetrisch dargestellt werden. Du musst sie also nicht spiegelverkehrt ausführen. Später wird's komplizierter.

Einige Beispiele:

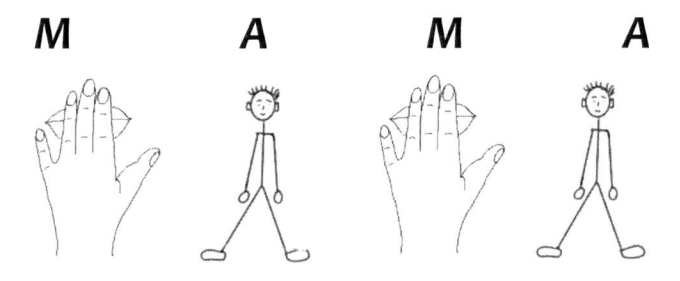

M A M A

Jeder Laut wird deutlich gesprochen und dazu wird die Lautgeste ausgeführt.

Das hört sich ungefähr so an: Mmmaaammmaaa

M O T O R

Hier haben wir einen Knaller im Wort, der das Ganze schwieriger macht, weil das T ja nicht länger ausgehalten werden kann. Dieses Wort hört sich beim Turnen dann ungefähr so an:

Mmmooo-t-ooorrr

Der wilde Wassermann

Alle Tiere im Meer haben Angst vor dem Wassermann. Doch nicht nur die Tiere, auch die Nixen machen einen großen Bogen um seine Behausung. Er sieht aber auch wirklich zum Fürchten aus: Seine grünen Haare stehen ihm ganz verzottelt vom Kopf ab. In den Schwimmhäuten zwischen seinen Fingern und Zehen hängt Seetang, und seine Kleider sind schmuddelig. Er spricht mit rauer Stimme und bewegt sich so tölpelhaft, dass er mit jedem Schritt Schlamm und Sand vom Meeresgrund aufwühlt. Deshalb ist das Wasser in seiner Nähe auch immer schmutzig-trüb.

Wenn die kleinen Fischkinder nicht brav sind, dann sagen ihre Mütter: „Entweder seid ihr sofort artig, oder ich schicke euch zum wilden Wassermann!" Und das wirkt immer, das könnt ihr mir glauben! So sehr fürchten sich also alle vor dem Wassermann. Der aber kümmert sich wenig darum, was die anderen von ihm denken. Er ist es gewohnt, immer alleine zu sein, und weiß gar nicht, dass es viel schöner wäre, wenn er Freunde hätte.

Doch das ändert sich eines Tages, als er auf einem seiner Streifzüge eine wunderschöne Nixe sieht. Die gefällt ihm so gut, dass er sie unbedingt kennenlernen will. Als die Nixe jedoch den wilden Kerl auf sich zukommen sieht, erschrickt sie so sehr, dass sie gleich in Ohnmacht fällt. Da ist der Wassermann traurig. Zum ersten Mal bemerkt er, dass er für andere Lebewesen wirklich nicht sehr anziehend aussieht mit seinen zotteligen Haaren und seinem ungepflegten Körper.

Er schwimmt nach Hause und beschließt, sich zu ändern. Zuerst einmal wäscht er sich sauber, schneidet seine Haare und bringt seine Kleider in Ordnung. In einer polierten Muschelschale betrachtet er sein Bild und findet sich schon sehr viel hübscher als vorher. Dann räumt er um seine Hütte herum auf und flickt das durchlöcherte Dach. Weil er nicht gleich wieder voller Sand und Schlamm werden möchte, bemüht er sich auch, etwas behutsamer aufzutreten, damit das Wasser sauber bleibt.

Nun will er ausprobieren, ob er immer noch so erschreckend wirkt. Er macht sich auf die Suche nach den kleinen Fischen, die immer im Seetang Verstecken spielen. Die erkennen ihn gar nicht, so verändert sieht er aus. Deshalb schwimmen sie auch nicht davon, als er näherkommt. Erst als er ihnen zuruft: „Was spielt ihr denn da?", sind sie auf einen Schlag alle verschwunden.

Die Stimme! Das muss seine Stimme sein, die ist noch zu rau. Er übt zu Hause, ein bisschen sanfter zu sprechen, und macht sich am nächsten Tag wieder auf die Suche nach den kleinen Fischen. Dieses Mal lassen sie ihn näherkommen und sprechen auch mit ihm. Sie zeigen ihm sogar, wie das Versteckspielen geht, das kennt der Wassermann nämlich nicht, aber es macht ihm gleich großen Spaß.

Als sie gerade mitten im schönsten Spiel sind, kommt die Nixe wieder vorbei. Sie erkennt in dem schmucken, freundlichen Wassermann gar nicht den wilden, zotteligen Kerl, der sie neulich so erschreckt hat.

Was soll ich dir noch viel erzählen: Bald darauf heiraten die Nixe und der Wassermann. Und ein Jahr später kommt ein wunderhübscher kleiner Wassermannjunge mit grünen Haaren und blauen Augen auf die Welt. Er muss nie alleine spielen, denn jeden Tag kommen die Fischkinder und besuchen ihn.

Der wilde Wassermann

Es wohnt ein wilder Wassermann
im Wasser wild und grau.
Dort wohnt er ganz alleine,
ohne Kind und ohne Frau.

Wu wu, wu wu, wu wu.

O liebe Nixe, zart und fein,
willst meine Wasserfrau du sein?
O Wassermann, ich fürcht mich sehr,
dort, wo du wohnst, ist wild das Meer.

Sei zahm, du Meer,
sei blau, du Meer,
die Nixe traut sich sonst nicht her.

Es wohnt ein lieber Wassermann
im Wasser zahm und blau
Er ist nicht mehr alleine,
hat ein Kind und eine Frau.

Wa wa, wa wa, wa wa.

1. Strophe: Den Vers mit wilder Stimme sprechen. Das „Wu wu" mit wilden Gesten begleiten.
2. Strophe: Die ersten beiden Zeilen spricht eine Hälfte der Klasse, die letzten beiden Zeilen die andere Hälfte.
3. Strophe: Mit beschwörenden Gesten das Meer besänftigen und mit „magischer" Stimme sprechen.
4. Strophe: Mit normaler Stimme sprechen, dazu, wenn vorhanden, aus dem Orff Instrumentarium Schellenarmbänder, Triangel o. ä. Bei „Wa wa" mit den Händen kleine Wellenlinien in die Luft zeichnen.

Ww

Der wilde Wassermann

Lautgeste W

Die seitlich abgewinkelten Arme stellen das W dar, das In-die-Knie-Gehen das Schaukeln auf den Wellen.

Das schmeckt gut mit W

Wurstspieße

Tipp: Die Kinder schneiden Wiener Würstchen in Scheiben, Salatgurken, rote und gelbe Paprika in Stücke und spießen abwechselnd Wurst und Gemüse auf Schaschlikspieße. Vegetarier können entweder Sojawürstchen von zu Hause mitbringen oder „Wurstspieße ohne Wurst" essen

Das riecht gut mit W

Waldmeister

Weihrauch

Tipp: Ein Glas mit Weihrauchkörnern kannst du in die Duftecke stellen und als besonderes Erlebnis kannst du in einem Weihrauchbrenner oder einfach auf Alufolie Weihrauch anzünden. Viele Kinder kennen das gar nicht.

Wortkarten

Wassermann	der
Wasser	wild
ist	lieb

Eine Speisekarte

Das gemeinsame Buchstabenessen war – wie könnte es auch anders sein – bei allen Kindern ein großer Erfolg. Natürlich kamen nicht alle Speisen bei allen Kindern gleich gut an. Jedes hatte seine Lieblingsessen. Immer, wenn wir sechs verschiedene Buchstaben „durchgegessen" hatten, schrieben wir eine Speisekarte, die von den Kindern illustriert wurde. Jeder bekam eine eigene Speisekarte im DIN-A4-Format für die Lesemappe. Eine große Version in DIN A3 hängten wir in der Klasse aus. Die Illustrationen für diese „Ansichts-Karte" stammten jeweils von mehreren Kindern.

Die Kinder schrieben auch immer wieder etwas zu unseren Essen auf. Hier einige Statements in Originalorthographie:

Wir esen zu jeden Buchschdaben wir machen Manchmal ales selbsd das Macht schpas unt schmekt gut des wegen haben wir auch eine Schpeisekarte aufgehenkt.
Nico

Wir essen zu jeden buchschdaben. Als erstes haben wir Ananas mit Sahne gegesen mir hat es ser gut geschmekt wir haben von der ananas was ahbgeschnieten und danach haben wir die ananas mit Sane geschmükt. Am besten haben mir Die Tortellini geschmekt. Die ungarischen Brote haben mir suber geschmekt.
Marisa

Von die Tortellini Konnte ich nicht mehr auf hören. Danach ist mir schlecht geworden.

Stefan

Achtung!

Beachte unbedingt, dass es sehr wichtig ist, alles, was du mit den Kindern machen willst, vorher zu Hause auszuprobieren. Die Tücke steckt oft im Detail. Überlege genau, wie du die einzelnen Aufgaben unter den Kindern einer Sitzgruppe verteilst:

Wer schneidet welche Zutaten klein, wer steckt die Sachen auf die Spieße, wer darf Tortellini abmessen, wer darf sie in den Topf geben, wer darf umrühren, wer verteilt sie auf die Teller usw.

Was musst unbedingt du selbst machen, z. B. das heiße Nudelwasser abgießen, Paprika zum Schnipseln vorbereiten usw.

Probiere auch genau aus, wieviel du jeweils von den Zutaten brauchst, welche Mengen beim Zubereiten wirklich herauskommen.

# Speisekarte

A nanas mit Sahne

M andelkekse

O bsttörtchen

R amabrot

T ortellini

W urstspieße

Phonetisches Verschriften – richtig dosiert

Das Schreiben nach Gehör ist in den letzten Jahren ziemlich in Verruf geraten und wenn wir uns ansehen, was in vielen Klassen getrieben wurde, so ist diese Skepsis berechtigt. Aber wie so oft macht es auch hier die Dosierung aus, ob wir von Segen oder Fluch reden müssen.

Es ist einfach töricht, die Kinder jahrelang irgendwie vor sich hin wursteln zu lassen in dem Glauben, das werde sich schon alles richten. Ein systematischer Lese- und Schreiblehrgang ist unverzichtbar.

Aber gerade in den ersten Monaten dieses systematischen Lehrgangs ist es wichtig, Kindern die Beziehung zwischen den gesprochenen Lauten und den geschriebenen Buchstaben bewusst zu machen und ihnen die Möglichkeit aufzuzeigen, sich über Schreiben mitzuteilen. Deshalb ist es durchaus sinnvoll, sie zum Schreiben zu ermutigen und sie zunächst einmal nach Gehör schreiben zu lassen. Die Betonung liegt auf „zunächst einmal", und dieses „Zunächst" darf sich keinesfalls auf Jahre, ja, nicht einmal auf das ganze erste Schuljahr ausdehnen. Im zweiten Trimester der ersten Klasse sollte behutsam mit einem Rechtschreiblehrgang begonnen werden. Darauf werde ich weiter unten eingehen (s.S. 108)

Der nicht zu unterschätzende Nutzen, den das Auflautieren von Wörtern und das nachfolgende Aufschreiben bringen können, besteht in einer Steigerung des phonologischen Bewusstseins: Wörter werden in ihre lautlichen Bestandteile zerlegt und schreibend wieder zusammengesetzt. Das Zusammensetzen von Lauten zu Wörtern und das Speichern der entsprechenden Lautzeichen sind der erste Schritt zum Rekodieren, also zu der Fähigkeit, aus einer Zeichenfolge ein Lautgebilde abzulesen. Damit wird aber noch nicht sinnentnehmend gelesen. Dieser nächste Schritt geschieht im Kind, wir wissen nicht, wie das genau vor sich geht. Doch eines ist gewiss:

Je besser es uns gelingt, unsere Schüler zu aktivieren und zu eigenem Tun anzuregen, desto sicherer wird es irgendwann zu dem geheimnisvollen „Klick" im Kind kommen und es versteht, was es da entziffert hat: Aus dem Rekodieren ist das Dekodieren geworden.

Das Schreiben mit der Anlauttabelle ist meiner Erfahrung nach allerdings etwas, das gut geplant und behutsam eingesetzt werden muss. Ich sehe es im

Gegensatz zu Jürgen Reichen[15] nicht als demotivierend an, Schreibaufgaben zu „verordnen", sondern ich finde es im Gegenteil höchst notwendig, die Kinder kontinuierlich und in sehr kleinen Dosen zum Schreiben anzuhalten. Damit meine ich nicht das Verfassen von Texten. Das dürfen natürlich die Kinder, die das wollen, jederzeit machen. Aber für viele unserer Schüler ist doch dieses Ziel zunächst einmal zu hoch gehängt. Und ich meine, dass die Lust am Schreiben eher vergeht, wenn zu früh darauf gedrängt wird, Texte zu produzieren.

Ich beginne lieber ganz bescheiden und, wie ich meine, kindgemäß, wenn ich in der ersten Phase des Verschriftens täglich ein einziges Wort „verordne", und zwar als Hausaufgabe. Natürlich wird das vorher im Unterricht eingeführt und geübt, aber dann soll jedes Kind für sich aktiv werden.

So etwas geht jedoch nur, wenn Eltern oder Horterzieher gut informiert sind und wenn überhaupt das Ganze sorgfältig geplant wird. Einmal in Gang gesetzt, ist das ein überaus nützlicher Selbstläufer.

Bevor ich dir genau beschreibe, mit welchem Procedere ich die besten Erfahrungen gemacht habe, möchte ich noch auf die Anlauttabelle eingehen:

Ich finde, dass eine vollständige Tabelle mit allen 26 Buchstaben und zum Teil noch mit zwei Darstellungen für die offene und die geschlossene Version der Vokale (E wie Ente oder E wie Elefant) zuviel an Information ist. Viele Kinder können sich da nicht orientieren. Außerdem sind die Bilder – zumindest bei den mir bekannten Tabellen – sehr klein.

Meine Lösung:
Ich führe die Anlauttabelle gestaffelt ein, in vier Schritten, und ich illustriere sie mit Bildern aus einem alten Bilderwörterbuch, das mittlerweile leider vergriffen ist und nur noch – mit viel Glück – antiquarisch erhältlich.[16]

Erster Schritt: nach ca. 2 Wochen im Klassenzimmer, nach weiteren 2 Wochen als Blatt für die Hausaufgabe Tabelle mit 10 Lauten: Oo – Aa – Ss – Ee – Ll – Tt – Nn – Mm – Rr – Ww	Zweiter Schritt: nach ca. 6 Wochen, wenn 6 Buchstaben durchgenommen wurden Tabelle mit Vorder- und Rückseite Vorderseite mit 10 Lauten: Dd – Kk – Ss – Ee – Ll – Nn – Gg – Ii – Uu – Ff Rückseite mit den 6 bereits durchgenommenen Buchstaben: Aa – Mm – Oo – Rr – Tt – Ww

---
15 Reichen, Jürgen: Lesen durch Schreiben, Zürich, 1988
16 Für alle Bilder auf den Seiten 101–104 ©Horst Lemke: Mein buntes Bilderwörterbuch, C.Bertelsmann Jugendbuchverlag, München, 1970

Dritter Schritt: vor oder kurz nach den Weihnachtsferien	Vierter Schritt: zu Beginn des 2. Halbjahres
Tabelle mit Vorder- und Rückseite Vorderseite mit 10 Lauten: Dd – Hh – Ss – Zz – Schsch – Gg – Bb – Uu – Ii – Ff Rückseite mit den 10 bereits durchgenommenen Buchstaben: Aa – Mm – Oo – Rr – Tt – Ww – Ee – Ll – Kk – Nn	Auf der Rückseite der Tabelle stehen 20 Laute, die bereits durchgenommen sind angekreuzt und was neu dazukommt, wird ebenfalls angekreuzt. Auf der Vorderseite stehen die Buchstaben: Jj – Xx – Vv – Pp und die Doppellaute: Pf pf – Ei ei – Au au – Ch ch – Eu eu

Erste Anlauttabelle

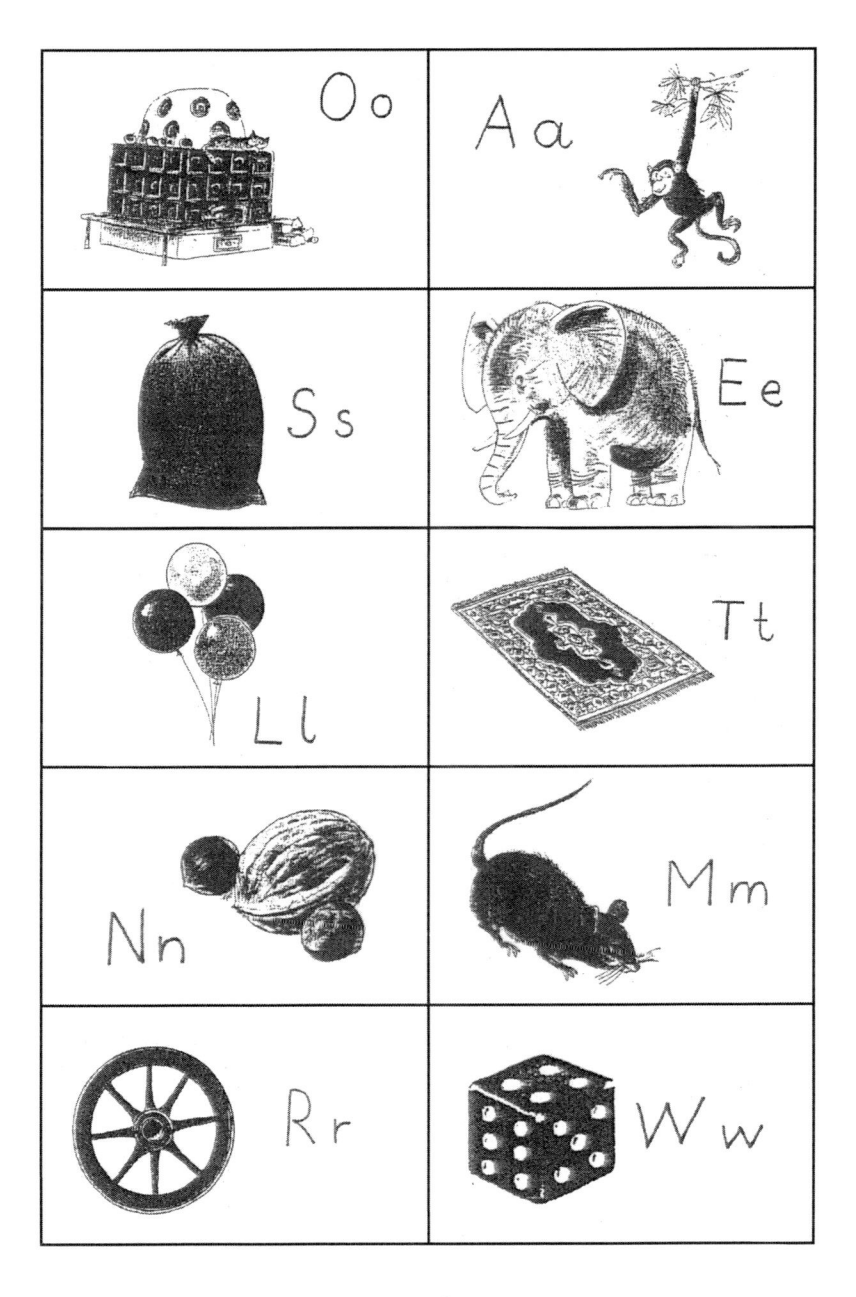

Diese Tabellen sollen dir nur als Anregung dienen.
Wenn du dich zu einem schrittweisen Vorgehen entschließen solltest, findest du sicher ansprechende Bildvorlagen, z.B. unter den sowohl im Internet als auch im Handel erhältlichen Arbeitsblättern zur Lautzuordnung oder auch in den Anlauttabellen der verschiedenen Fibeln.

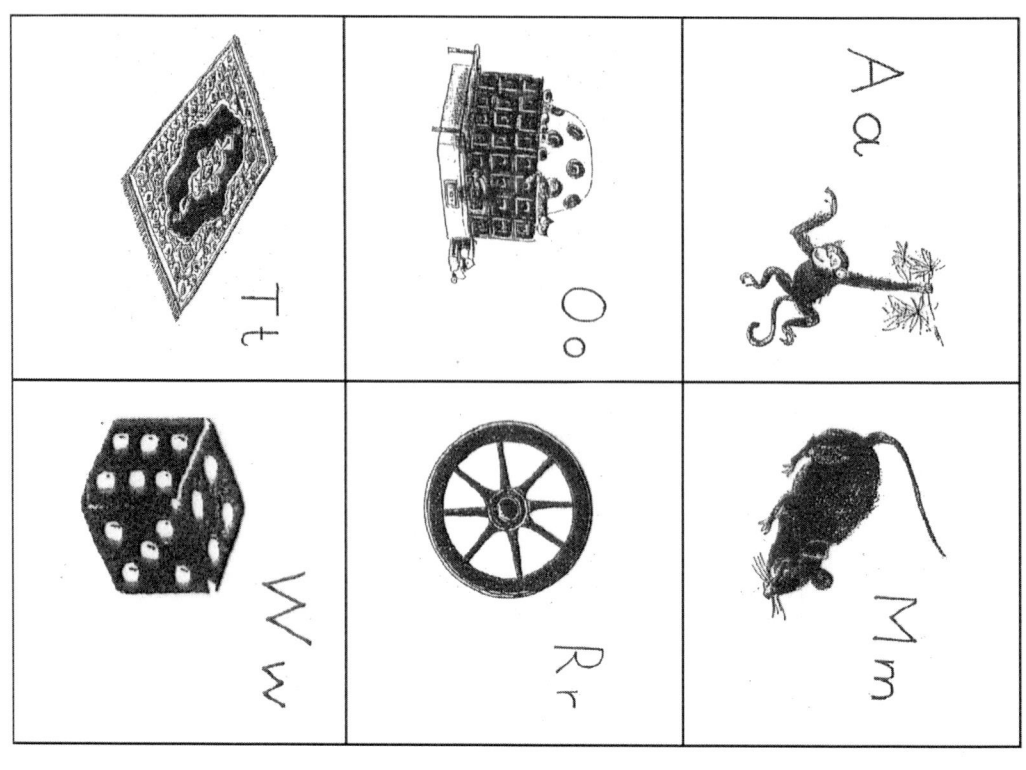

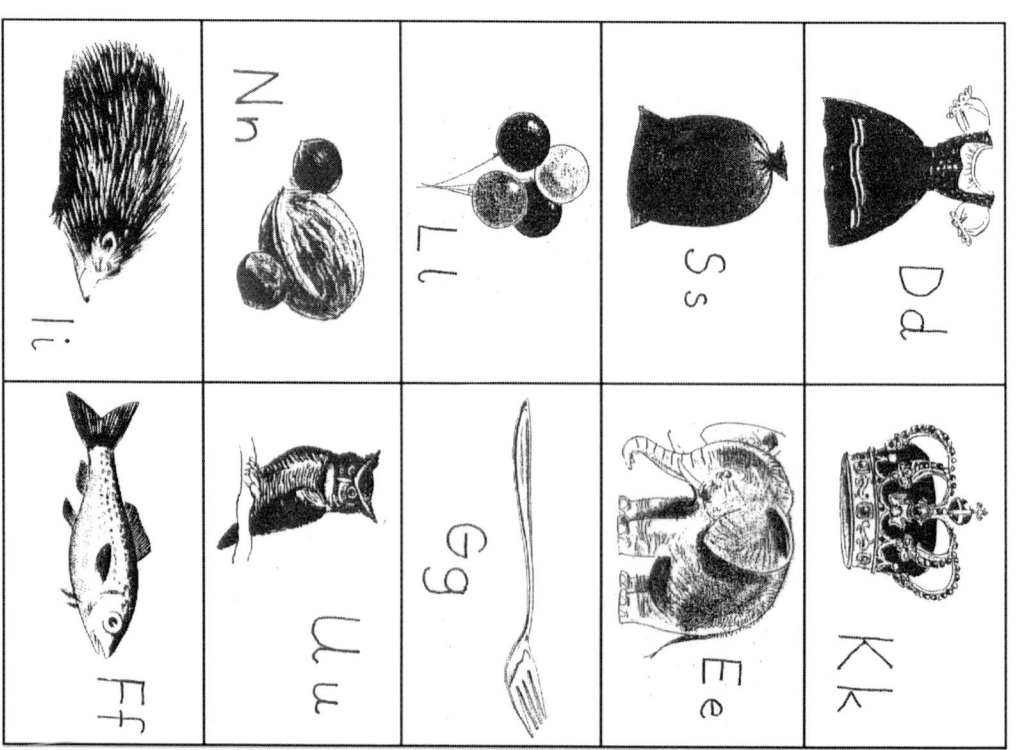

Zweite Anlauttabelle Vorderseite

Aa	Oo	Tt
Mm	Rr	Ww

Zweite Anlauttabelle Rückseite

Dd	Ss	Ll	Nn	Ii
Kk	Ee	Gg	Uu	Ff

Dritte Anlauttabelle Rückseite

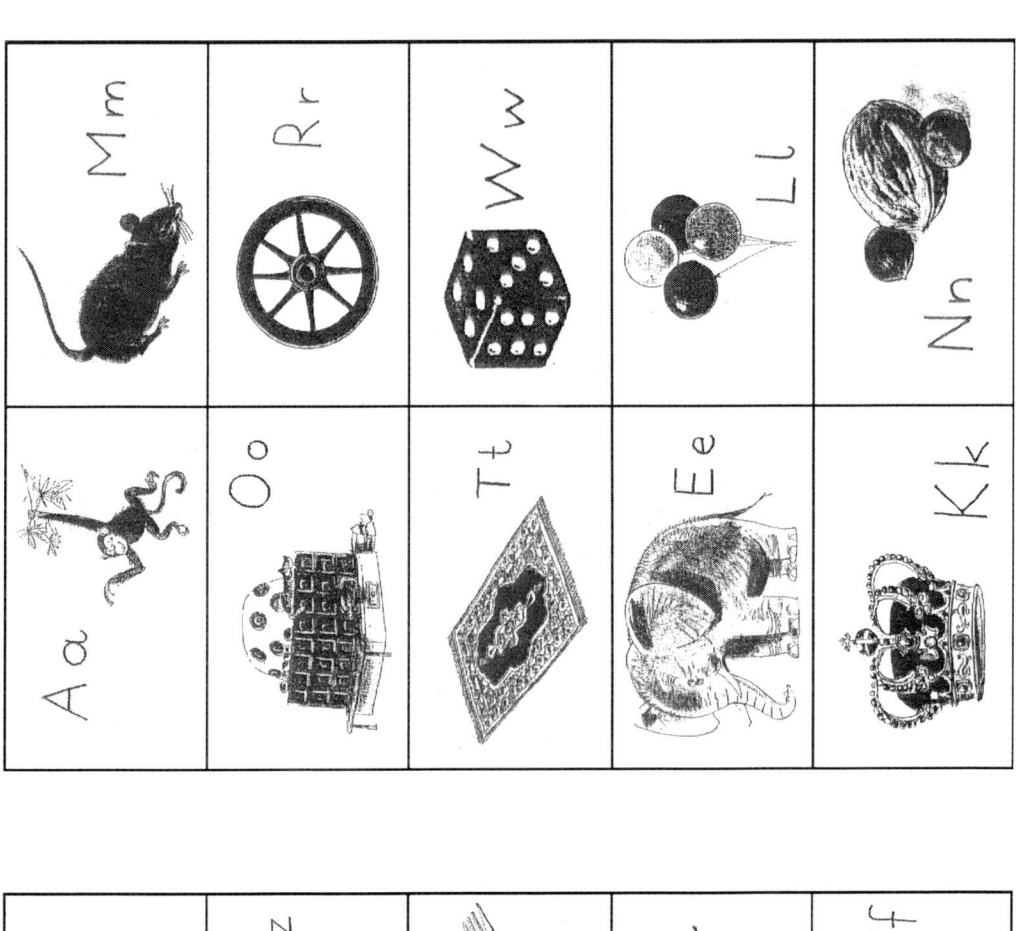

Dritte Anlauttabelle Vorderseite

Vierte Anlauttabelle Vorderseite

Chinese Ch	Drachen ch	Xx	Vv	Pf pf
Euter Eu eu	Jj	Au au	Ei ei	Pp

Vierte Anlauttabelle Rückseite

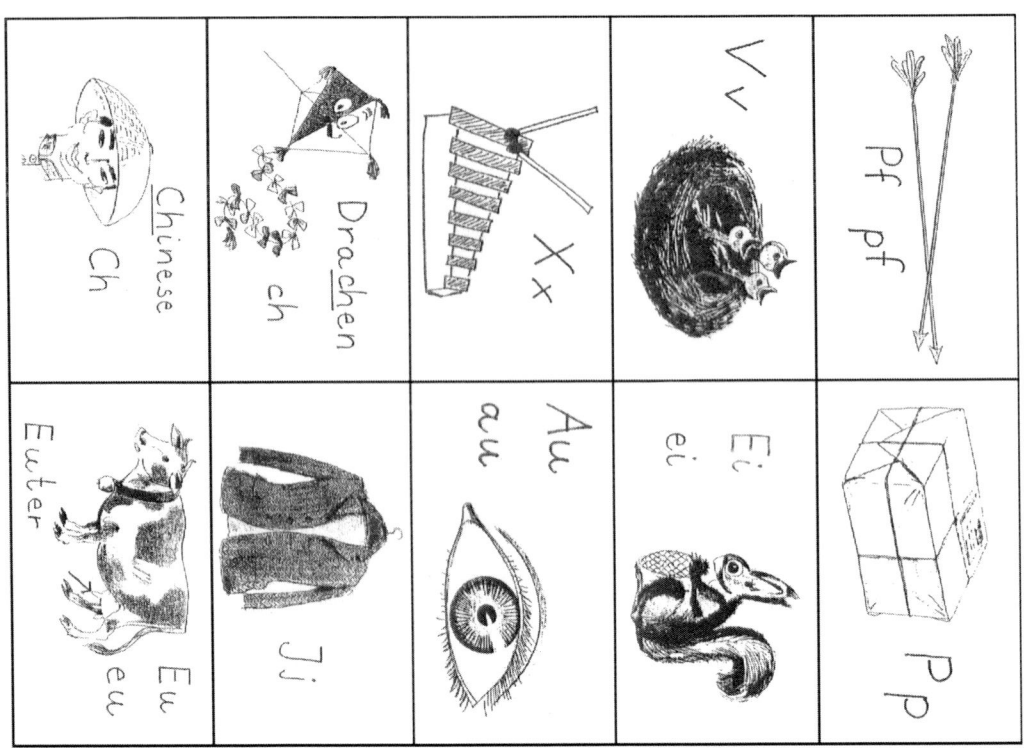

Aa	Mm	Dd	Hh
Oo	Rr	Ss	Zz
Tt	Ww	Sch sch	Gg
Ee	Ll	Bb	Uu
Kk	Nn	Ii	Ff

So kannst du vorgehen

Informiere unbedingt am ersten Elternabend die Eltern, wie du vorgehen möchtest, warum du das so und nicht anders machst und vor allem:

Beruhige sie, dass es sich bei dem phonetischen Verschriften in deinem Unterricht um eine überschaubar kurze Phase handelt, die im zweiten Trimester in ein systematisches Rechtschreibtraining übergeht.

Wenn du nämlich nach ca. 4 Schulwochen das tägliche Verschriftungswort als Hausaufgabe gibst, hast du die Eltern dann für und nicht gegen dich – das ist ein entscheidender Unterschied für den Erfolg der ganzen Sache. Und so gehst du konkret vor:

Du führst die erste Anlauttabelle mit insgesamt 10 Lauten in der zweiten vollen Schulwoche ein, betrachtest mit den Kindern gemeinsam die Bilder, ihr sprecht laut und deutlich die verschiedenen Anfangslaute. Zu diesem Zeitpunkt hat noch nicht jedes Kind eine eigene Tabelle, sondern du hast die einzelnen Bilder auf DIN A4 oder DIN A3 vergrößert und in der Klasse aufgehängt. Das erleichtert vor allem den schwächeren Kindern die Orientierung, wenn alle auf dieselbe Vorlage schauen.

Dabei machst du auch von Anfang an auf die verschiedenen Aussprachemöglichkeiten der drei in der Tabelle enthaltenen Vokale A, E und O aufmerksam und nennst Beispiele:

geschlossenes O bei Ofen   offenes O bei Otto
geschlossenes A bei Affe   offenes A bei Ananas
geschlossenes E bei Elefant   offenes E bei Ente

Gemeinsam übt ihr nun jeden Tag das Auflautieren an einem oder – je nach Konzentration der Kinder – auch an mehreren Wörtern.

Am einfachsten sind Wörter mit nur einem Konsonanten zwischen den Vokalen, also z.B. Salat, Rose, Hase oder auch Wörter mit Doppelkonsonanten, die sich ja auch wie ein einziger Laut anhören: Tanne, Sonne, Wanne usw. Diese einfachen Wörter sind für den Einstieg besonders geeignet.

Das kann dann im Unterricht so aussehen:
Du sprichst laut und deutlich vor: Salat
Für Kinder mit Problemen in der deutschen Sprache kannst du auch noch das Bild eines Salatkopfes herzeigen.
Alle Kinder, laut und deutlich, wiederholen mehrmals: Salat
Einzelne Kinder sprechen: Salat

Dann wird das Wort in einzelne Laute gegliedert und für jeden Laut heftest du ein magnetisches Wendeplättchen an die Tafel.

Wenn du mit den Kindern bereits über die Brüller – also die Vokale – gesprochen hast, kannst du diese auch eigens kennzeichnen: Konsonanten blau, Brüller rot.

○ ● ○ ● ○
S a l a t

Jedem Magnetplättchen wird ein Laut zugeordnet. Ich ließ mir auch jedes Mal ansagen, ob der betreffende Buchstabe groß oder klein geschrieben werden solle und akzeptierte jede Schreibweise, die phonetisch stimmig war. Für „Salat" wäre also durchaus denkbar und in unserem Sinne auch „richtig":

sAlaT   SaLAt   SALat   oder Ähnliches.

Nicht aber kann man gelten lassen die Skelettschreibweise SLT, das ist ja selbstverständlich.

Die durchaus auch mögliche Variante Salad scheidet bei uns aus, weil auf der eingeschränkten Tabelle das Dd noch nicht angeboten ist.

Diese gemeinsamen Verschriftungsübungen führten wir in der Schule zwei Wochen lang durch, bevor die Kinder dazu eine tägliche Hausaufgabe bekamen. Ab der vierten vollen Schulwoche bekamen die Kinder ihre eigene Anlauttabelle und ich teilte jeweils am Montag eine Liste mit den fünf Hausaufgabenwörtern für diese Woche aus. Diese Liste war handschriftlich, sie sollte ja nur den Eltern als Vorlage dienen. Für Eltern mit Schwierigkeiten in deutscher Sprache sind Bilder zu den einzelnen Wörtern sehr hilfreich. Das geht leicht, da es sich ja nur um Nomina handelt.

Mittlerweile erfolgt die Kommunikation oft elektronisch, du kannst die Wochenwörter also auch per Mail oder Whatsapp mitteilen.

Die Eltern sollten wissen, wie sie vorgehen müssen:

Das Wort des Tages laut vorsprechen, die Bedeutung mit dem Kind klären.

Das Kind legt die einzelnen Laute mit Perlen, Bohnen oder Münzen und ordnet jedem Laut einen Buchstaben aus der Tabelle zu.

Jede Schreibweise gilt, wenn das Aufgeschriebene beim Lesen den phonetischen Klang des Wortes ergibt. Große und kleine Buchstaben sind gleichermaßen zulässig.

Die Kinder haben ein Verschriftungsblatt mit einer Zeile pro Wochentag:

Diese Wörter kann ich schreiben:
Montag: _____
Dienstag: _____
Mittwoch: _____
Donnerstag: _____
Freitag: _____

Die Kinder legen täglich in der Freiarbeitsphase ihr Verschriftungsblatt auf die Bank und du kannst herumgehen und die phonetisch korrekten Wörter abzeichnen. Bei mir gab es für diese Wörter immer einen Bilderstempel.

Ein Wort zu den Lautketten

Ich ziehe Perlen, Bohnen oder andere einzelne Repräsentanten für die Laute vor, denn gerade die schwächeren Kinder haben mit einer Kette aus 10 Perlen und einer großen Anfangsperle wieder Orientierungsschwierigkeiten. Dass die verschiedenen Perlen noch dazu in einem – wie ich meine – falsch verstandenen Bemühen um Kindgerechtheit bunt sind, verstärkt die Verwirrung noch: Was bedeutet eine rote, blaue, grüne Perle? Gibt es da Unterschiede? Und unser Wort Salat sieht jetzt so aus:

Dass es viel einfacher ist, sich an einer aus einzelnen Elementen gelegten Reihe zu orientieren, die genau die Menge an Lauten abbildet, um die es konkret geht, müsste eigentlich jedem einleuchten, der sich darüber Gedanken macht.

Und dann noch ein Wort zum korrekten Bewegungsablauf beim Schreiben

Obwohl ich beim Schreibenlernen sehr genau auf den richtigen Bewegungsablauf achte, haben die Kinder beim Verschriften auch Buchstaben zur Verfügung, deren Schreibweise noch nicht geübt wurde. Das ist meiner Erfahrung nach ein kleiner und zu vernachlässigender Nachteil, der durch einen „ordentlichen" Schreiblehrgang völlig ausgeglichen wird, zumal es sich bei diesem „Abmalen" nur um einen kurzen Zeitraum handelt, weil parallel dazu ja das Schreiben systematisch geübt wird.

So kann es weitergehen

Nach einigen Wochen mit einem einzigen Hausaufgabenwort kann das tägliche Pensum erhöht werden auf zwei Wörter und zum Ende des ersten Trimesters sogar auf kurze, wirklich kurze, Sätze.

Wenn die Kinder um Weihnachten herum schon kleine selbstverfasste Geschichten oder einzelne Sätze aufschreiben wollen, dann dürfen sie das. Sie sollen zu ihrer Geschichte auch ein Bild malen und du schreibst unter die Geschichte in Druckschrift noch einmal die orthographisch richtige, ansonsten aber unveränderte Fassung hin.

Es wird etwas ernster mit dem Schreiben

In den ersten Wochen des zweiten Trimesters beginne ich immer mit einem einfachen Rechtschreibtraining:

Die Kinder bekommen Wörterpakete von jeweils fünf Wörtern, allerdings nicht aus dem Grundwortschatz, sondern erst einmal nur Nomina, wie z.B. Wolke oder Sonne usw. Alle Buchstaben der Diktatwörter müssen bereits „echt" gelernt sein. Außerdem gibt es eine Liste mit verschiedenen Übungen. Die Kinder üben anhand dieser Liste in der Freiarbeit selbständig und melden sich zum Diktat, wenn sie glauben, die fünf Wörter zu können. Sind alle fünf Wörter richtig, gibt es einen Stempel und die nächste kleine Liste.

Wenn auch nur ein Wort falsch ist, müssen beim nächsten Diktat trotzdem wieder alle fünf Wörter geschrieben werden. Den Stempel gibt es nur, wenn alle Wörter richtig sind. Genaueres zur konkreten Organisation und den didaktischen Hintergründen findest du ab November auf meiner Homepage: www.christina-buchner.de.

Ella Elefant

Du hast sicher schon einmal gehört, dass es in Afrika sehr heiß ist, viel heißer als bei uns. Dort gibt es Affen, Nashörner, Antilopen, Elefanten und viele andere Tiere. In einer riesigen Elefantenherde lebt die Elefantenkuh Ella. Sie hat zwei süße, kleine Elefantenkinder, Emil und Erika. Sie sind besonders hübsch, deshalb achtet sie auch sehr darauf, dass kein Stäubchen auf ihrer grauen Haut liegt. Selbst der kleinste Schmutzfleck wird sofort abgeputzt.

Jeden Tag ziehen die Elefanten zum Fluss, um dort zu trinken. Das ist für Ella immer eine gute Gelegenheit, ihre Kinder richtig fein zu machen und sie von Kopf bis Fuß sauber zu waschen. Allerdings ist das für einen Elefanten nicht so leicht wie für uns. Wir nehmen einfach einen Waschlappen, seifen uns gründlich ein und stellen uns unter die Dusche. Waschlappen und Seife hat Ella natürlich nicht. Damit könnte sie auch gar nichts anfangen. Denk nur mal an ihre Beine: Die sind ja so dick wie Fässer. Wie soll denn da ein Waschlappen drübergeh'n? Aber Ella hat ihren Elefantenrüssel, und der ist genauso gut wie ein Wasserschlauch. Also duscht sie ihre Kinder einfach mit dem Rüssel ab.

Eines Tages hat jedoch auch Ella mit ihrem wunderbaren Rüsselschlauch Probleme, ihren Sohn sauberzubekommen. Emil hat nämlich wieder einmal mit seinem besten Freund, dem Warzenschwein Willi, gespielt. Diese Freundschaft ist Ella schon seit langem ein Dorn im Auge. Ihr hübscher Emil mit seiner vornehmen hellgrauen Haut und dieser widerliche Willi, der immer so schmuddelig und ungepflegt daherkommt! Was ihr Sohn an dem nur findet? Aber immer, wenn sie davon spricht, sagt Emil: Mama, davon verstehst du nichts! Es macht eben einfach Spaß, mit Willi zu spielen. An diesem Tag nun kommt Emil nach Hause und ist über und über mit Dreck bespritzt. Er sieht gar nicht mehr wie ein Elefant aus. Und was das Allerschlimmste ist: Er hat auch noch Willi, dieses ekelhafte Ferkel, mitgebracht.

Willst du wissen, was die beiden gemacht haben? Sie haben sich um die Wette im Schlamm gewälzt! Für ein echtes Warzenschwein gibt es nämlich nichts Schöneres, als sich im Schlamm hin und her zu wälzen, immer und immer wieder, bis man auch nicht mehr das kleinste Stückchen Haut sieht! Ella ist so empört, dass sie ihren Sohn, ohne viele Worte zu machen, am Rüssel packt und zum Fluss hinunterzieht. Willi läuft ihnen nach. Er kann doch jetzt seinen besten Freund nicht im Stich lassen. Als er am Ufer ankommt, sieht er, dass Emil schon im Wasser steht und von seiner Mutter kräftig mit dem Rüssel abgeduscht wird. Ella spritzt und spritzt. Sie plagt sich schrecklich und spritzt nicht nur Emil, sondern auch die anderen Elefanten nass, die hierhergekommen sind, um zu trinken.

Willi war noch nie in einem Fluss. Ob es im Wasser wohl schön ist? Zaghaft steigt er hinein. Aber das ist ja herrlich kühl und frisch! Viel angenehmer als die Schlammpfütze, in der er sich sonst immer wälzt. Vergnügt planscht er im Fluss herum und merkt gar nicht, dass er davon ganz sauber wird.

Als Ella mit dem frisch gewaschenen Emil aus dem Fluss steigt, sieht sie ein hübsches Ferkel mit einem sauber glänzenden dunkelgrauen Fell. „Na Kleiner, wo ist denn deine Mama?" fragt sie freundlich. Doch in diesem Augenblick ruft Emil: „Aber das ist ja Willi!"

Das soll Willi sein? Dieses hübsche, appetitliche, saubere, kleine Ferkel? Da schämt sich Ella, dass sie immer so über Willi geschimpft hat, und sie sagt verlegen: „Also, wenn ihr noch ein bisschen spielen wollt, von mir aus!"

Von da an sind die beiden Freunde jeden Tag zusammen. Sie wälzen sich nur noch sehr selten im Schlamm, denn Willi hat das Baden im Fluss viel besser gefallen als das Schlammwälzen, und Emil ist überhaupt nicht erpicht darauf, von seiner Mutter wieder stundenlang geschrubbt zu werden.

Ella Elefant

In dem fernen, heißen Land
wum bu di wum bu di wu
da wohnt Ella Elefant
wum bu di wum bu di wu
steigt ins Wasser wie ein Fass
wum bu di wum budi wu
spritzt alle Elefanten nass
wum bu di wum bu di wu

Zu den Zeilen 2, 4, 6, 8:
    Die Arme seitlich abgewinkelt ausstrecken, Beine leicht grätschen und von einer Seite auf die andere hüpfen:
    wum bu di – linkes Bein
    wum bu di – rechtes Bein
    wu – linkes Bein
Zeile 1: Mit dem Arm in die Ferne deuten, dann mit dem Handrücken über die Stirn wischen
Zeile 3: Mit einer Hand an die Nase fassen, einen Arm als Elefantenrüssel ausstrecken.
Zeile 5: Mit den beiden Armen einen Ring formen (Fass) und mit den Beinen „ins Wasser" steigen.
Zeile 7: Rhythmisch die Arme anwinkeln und ausstrecken, dabei Fäuste schließen und beim Ausstrecken öffnen (spritzen).

Ee

Ella Elefant

Lautgeste E

Ansicht von hinten, beide Arme und rechtes Bein waagrecht seitlich ausstrecken, das E ist sozusagen „im Körper".

Das schmeckt gut mit E

Essiggurken-Sandwich

Tipp: Du bereitest gebutterte Brotscheiben vor. Die Kinder schneiden Essiggurken in Scheiben und belegen die Brote damit.

Das riecht gut mit E

Estragon

Erdbeer-Duftöl

Wortkarten

Elefant

spielt

im

Wörter-Bingo

Ab dem dritten Buchstaben kannst du mit den Kindern bereits ein Wortkarten-Bingo spielen.

Die Kinder haben dann schon elf Kärtchen. Von diesen suchen sie neun aus und legen sie in drei Dreierreihen aus.

Später, wenn mehr Karten zur Verfügung sind, kann das Spielfeld auch erweitert werden auf 4x4 oder 5x5 Karten.

Beispiel für ein 3x3-Feld, das die Kinder aus den Kärtchen legen, die sie schon haben:

Anton	komm	Oma
Arm	mit	Mimi
ruft	Mama	Otto

Du bist der Spielleiter und hast alle Karten zur Verfügung. Du nennst nun ein Wort und die Kinder legen auf das betreffende Kärtchen – wenn es in ihrem Bingofeld vorhanden ist – einen Spielchip, ein Rechenplättchen oder eine Bohne.

Das Ziel des Spiels ist es, eine waagrechte oder senkrechte oder diagonale Reihe bilden zu können.

Wer das schafft, ruft „Bingo" und ist dann Sieger. Weil hier der Zufall eine Rolle spielt, ist nicht automatisch der beste Leser auch der Sieger. Andererseits müssen die Kinder konzentriert bei der Sache sein, um die genannten Wörter auch richtig zu kennzeichnen. Es ist also nicht nur das Glück entscheidend. Meistens sind mehrere Kinder gleichzeitig mit dem ersten Bingo fertig, sie sind die „ersten Sieger". Ich spiele aber immer weiter bis zu den zweiten oder dritten Siegern, und auch die ersten Sieger machen da noch mit.

Weil beim Herausrufen des „Bingo" schnell ein Durcheinander entsteht, habe ich die „Bingo-Fahne" erfunden: Das ist einfach ein buntes Moosgummistück, das dann hochgehalten wird, wenn ein Kind eine Reihe voll hat.

Diese Bingo-Möglichkeiten gibt es:

Eine waagrechte Reihe ist voll

Anton ●	komm ●	Oma ●
Arm	mit	Mimi
ruft	Mama	Otto

Eine diagonale Reihe ist voll

Anton ●	komm	Oma
Arm	mit ●	Mimi
ruft	Mama	Otto ●

Eine senkrechte Reihe ist voll

Anton	komm	Oma ●
Arm	mit	Mimi ●
ruft	Mama	Otto ●

Leo, das lustige Lama

Sicher magst du Tiere gern. Vielleicht hast du sogar zu Hause einen kleinen Hund, eine Katze oder irgendein anderes Tier. Wenn du aber Flamingos oder Stachelschweine oder Lamas sehen willst, musst du höchstwahrscheinlich in den Zoo gehen. Oder könntest du dir vorstellen, in deiner Badewanne einen Flamingo, im Kleiderschrank ein Stachelschwein und im Gemüsegarten ein Lama zu halten? Wohl kaum!

Ich kenne aber einen Mann, der alle diese Tiere und noch einige andere dazu besitzt. Natürlich wohnen sie nicht bei ihm im Haus. Nein, Herr Habersack ist reich genug, sich einen eigenen kleinen Tierpark zu halten. Neben seinem Garten liegen Ställe und Gehege für Affen, Ponys, Zebras, Papageien, Rehe und Hirsche. Seit einiger Zeit gibt es dort auch ein Lama mit dem Namen Leo.

Damit ist für Herrn Habersack ein lange gehegter Wunsch in Erfüllung gegangen. Für Lamas schwärmt er nämlich besonders. Er findet sie so schön. Leo bekommt ein eigenes großes Gehege gleich neben dem Rotwild. Dort wird er jeden Abend von Herrn Habersack besucht. Nun könnte man meinen, alles wäre in schönster Ordnung. Das ist es aber nicht. Leo benimmt sich nämlich gar nicht gut. Um die Wahrheit zu sagen: Er benimmt sich sogar grauenhaft schlecht!

Jeden Besucher, der seinem Gehege zu nahe kommt, spuckt er gründlich nass. Herr Habersack ist ja nun wirklich ein großer Tierfreund und er hat auch Verständnis dafür, dass Leo sich erst an die neue Umgebung gewöhnen muss, aber was zu weit geht, geht zu weit! Fünf nagelneue Anzüge vom besten und teuersten Schneider der Stadt sind mit dem Gespucke schon ruiniert worden, außerdem drei Seidenkleider und zwei vornehme Hüte.

Nun wirst du sagen: Wer zieht schon so elegante Kleider an, wenn er ein Tiergehege besichtigt! Aber du musst wissen, dass Herr Habersack oft sehr vornehmen Besuch hat. Und bisher hat er allen seinen Gästen immer seinen Zoo gezeigt. Auf den ist er ja so stolz. Doch der Ärger mit Leo hat ihm die Freude daran gründlich verdorben. Er überlegt schon, ob er ihn nicht wieder verkaufen soll. Warum nur ist er so unartig? Kannst du dir das denken? Der Tierpfleger hat auf jeden Fall keine Ahnung, und auch Herr Habersack selbst ist völlig ratlos.

Doch glücklicherweise hat er einen kleinen Neffen, einen richtig aufgeweckten Burschen, der in den Ferien oft für einige Zeit zu ihm kommt. Benni ist immer ganz glücklich, wenn er seinen Onkel besuchen darf. Er verbringt dann den ganzen Tag bei den Tieren. Auch er wird von Leo gleich ordentlich angespuckt. Doch erstens hat er nur Jeans und einen alten Pulli an, und zweitens sind kleine Jungen überhaupt nicht so empfindlich wie große Leute, und deshalb macht ihm das nicht so sehr viel aus. Er wundert sich nur darüber und beschließt herauszubekommen, weshalb Leo so unartig ist.

Darum setzt er sich auf eine Bank gleich neben dem Gehege und beobachtet ihn eine Weile. Dabei fällt ihm auf, dass Leo immer am Zaun steht und zu den Rehen und Hirschen auf der anderen Seite hinüberschaut. Die sind lustig und vergnügt, spielen miteinander und langweilen sich überhaupt nicht. Auf Leos Wiese aber ist gar nichts los! Er hat kein anderes Tier zum Spielen. Da geht Benni ein Licht auf: Leo ist einsam, und wer einsam ist, wird leicht böse!

Sofort flitzt er ins Haus zu seinem Onkel. Der sitzt gerade im Arbeitszimmer und brütet über wichtigen Geschäften. Benni reißt die Tür auf. „Ich hab's!" ruft er. „Er braucht jemanden zum Spielen!"

„Wie? Wer? Was?" fragt Herr Habersack entgeistert. „Warum bist du denn so aufgeregt!" Doch als ihm Benni erzählt, was er glaubt, wird Herr Habersack auch aufgeregt. Das wäre ja wunderbar, wenn er Leo behalten könnte, wenn das Lama gar nicht unheilbar bösartig wäre!

Die beiden flitzen sofort los. Der Tierpfleger muss auf der Stelle den Zaun zwischen Leos Wiese und dem Rotwildgehege niederreißen. Dann setzen sich Herr Habersack und Benni auf die Bank und warten ab, was passieren wird.

Leo ist zuerst etwas verunsichert, als der gewohnte Zaun fehlt. Doch dann setzt er sich zögernd in Bewegung und nähert sich den Tieren auf der Nachbarwiese. Die sind zunächst etwas erstaunt über den Besuch, doch bald schon mischt sich Leo unter sie, als gehöre er zu ihnen. Er spielt mit den Rehkitzen Fangen und ist ganz glücklich, dass er nun endlich Gesellschaft hat.

Dass er von da an kein einziges Mal mehr gespuckt hat, brauche ich dir eigentlich gar nicht mehr zu erzählen. Das hast du dir sicher schon gedacht.

Aber das Tollste weißt du noch nicht: Leo wird im Lauf der Zeit so zahm, dass Herr Habersack ihn die meiste Zeit frei herumlaufen lässt. Er benimmt sich jetzt immer mustergültig, und deshalb darf er manchmal sogar ins Haus hinein und seinem Herrn beim Mittagsschlaf Gesellschaft leisten.

Leo, das lustige Lama

Seht nur, wie das Lama spuckt,
wenn es um die Ecke guckt.

Lieber Leo, spuck nicht mehr,
trau mich sonst ja gar nicht her!

Zeile 1: Mit dem Finger auf das Lama deuten, mit der Hand einen Bogen vom Mund weg beschreiben (wie es spuckt).
Zeile 2: Mit der Hand eine Ecke beschreiben.
Zeile 3: Abwehrende Gesten
Zeile 4: Kopf schütteln.

Ll

Leo, das lustige Lama

Leo, das lustige Lama

Lautgeste L

Kind steht mit dem Gesicht Richtung links, zum Zeilenanfang.

Die Arme werden auf den Rücken gelegt, die Hände am Handgelenk ca. 90 Grad abgewinkelt waagrecht nach hinten gestreckt, wie der kurze Balken beim „L".

Das schmeckt gut mit L

Litschis

Ich bestelle im Obstladen ein Körbchen Litschis, die wir in der Pause gemeinsam essen.

Das riecht gut mit L

Lavendel

Wortkarten

Lama	lustig
spuckt	nicht

Arbeit mit Wörterlisten

Es dauert einige Zeit, bis genügend Buchstaben durchgenommen wurden, um wirklich das Lesen an Texten zu üben. Mit den Gedichtblättern und den Wortkarten ist zwar einiges möglich. Aber das Auswendigaufsagen von Gedichten und kurzen Texten und auch das Speichern der Wortbilder auf den Kärtchen ist nicht Lesen und dieses Missverständnis sollte auch gar nicht erst entstehen.

Ich habe in meinem Sprachgebrauch immer unterschieden zwischen „auswendig Lesen" und „richtig Lesen".

Das Richtiglesen kann schon bald beginnen, allerdings nicht mit Texten, sondern mit einzelnen Wörtern. Ich gebe den Kindern Wörterlisten, auf denen eine Reihe von Wörtern steht, deren Buchstaben wir bereits alle gelernt haben, die also echt erlesen werden können.

Für das Lesen der Listenwörter gibt es verschiedene Übungsmöglichkeiten:

- als Hausaufgabe oder in der Freiarbeit;
- gemeinsam an der Tafel;
- in Partnerarbeit.

Wie auch immer – entscheidend ist, dass schließlich jedes einzelne Kind dir die Liste vorliest. Dazu hast du in Freiarbeitsphasen Gelegenheit. Wer alle Wörter lesen kann, bekommt einen Stempel auf seine Liste und du kannst dir notieren, welche Kinder dir welche Listen bereits vorgelesen haben.

Die erste kleine Liste kannst du bei der von mir vorgeschlagenen Buchstabenreihenfolge (AMORTWELKNIDSUFG … usw.) bereits nach vier Buchstaben zusammenstellen.

Hier mein Beispiel:

AMOR	
Mama	Moor
Oma	Marmor
Arm	Rama
Rom	

Nach den nächsten Buchstaben – T, W, E – ergeben sich nicht besonders viele zusätzliche Kombinationsmöglichkeiten, aber ab dem L, dem achten Buchstaben, gibt es eine Menge Übungswörter.

Ab diesem Buchstaben wird die Arbeit mit Wörterlisten eine Zeit lang zu einem festen Bestandteil unseres Lesetrainings. Ich hatte übrigens nie den Eindruck, dass die Kinder diese Übungen als etwas Unangenehmes oder Langweiliges betrachteten, sondern vielmehr den, dass sie es als eine Art Sport ansahen, möglichst viele Wörter richtig zu erlesen und auf ihren Listen abzuhaken.

Da die Übungen gleichbleiben und jeder nach der ersten Liste genau weiß, was zu tun ist, sind auch keine langwierigen – und langweiligen – Erklärungen nötig, so dass die zur Verfügung stehende Zeit wirklich zum Üben benutzt werden kann. Gerade die unnötige Vielfalt der Aufgaben, die man in fertigen Arbeitsheften oft findet, erschwert das effektive Arbeiten, weil meist mehr Zeit zum Erklären der Übungen benötigt wird als hinterher zum Üben selbst.

Ich halte es nicht nur für verwirrend, sondern auch für überflüssig, die nötigen Leseübungen durch immer wieder neue Übungsanordnungen und Verkleidungen zu „tarnen".

Besonders die schwächeren Schüler sind damit überfordert, denn für sie ist ja nicht nur das Durchführen, sondern auch das Erfassen von Übungsaufträgen ein Problem.

Ihnen ist am besten gedient, wenn sie wenige und klare Anweisungen erhalten. Denn auch sie, die in so vielen Klassen Disziplinschwierigkeiten verursachen, weil sie mit den ihnen gestellten Aufgaben nicht zurechtkommen und ihre Aktivitäten dann ganz folgerichtig auf andere Bereiche verlegen, auch sie wollen meiner Erfahrung nach arbeiten, aber sie müssen wissen, was und wie!

Eine weitere interessante Beobachtung möchte ich dir nicht vorenthalten: Ich habe bemerkt, dass die ängstlichen und wenig selbstbewussten Kinder von zu vielen verschiedenen Arbeitsmöglichkeiten auf dem engen Raum einer einzigen Seite abgeschreckt werden. Es gibt Kinder, die erst dann zu arbeiten anfangen, wenn sie sicher sind, die Übung genau verstanden zu haben. Das sind die Kinder, die uns durch vieles Nachfragen und Vergewissern manchmal ein wenig auf die Nerven gehen. Sie können jedoch viel entspannter und sicherer arbeiten, wenn ihnen bereits bekannte Übungen, nur mit anderem Inhalt, angeboten werden.

Und was ist mit denen, die alles gleich auf Anhieb können? Werden sie durch Übungen, die in ihrer Struktur immer gleich sind, nicht unterfordert? Nein, auf keinen Fall, denn es zeichnet gerade diese vordergründig „einfachen" Übungen aus, dass sie auf unterschiedlich hohem Niveau ausgeführt werden können und deshalb besonders geeignet sind für Kinder, die mehr leisten können und wollen. Gerade sie werden nämlich die fünf oder sechs verschiedenen Übungen auf einem fertigen Arbeitsblatt oder in einem zur Fibel passenden Arbeitsheft schnell erledigt haben und dann mit der Frage kommen: Und was soll ich jetzt tun?

Anders jedoch bei den einfachen Übungen. Wer zum Beispiel seine vorgeschriebene Wörterliste sehr schnell gelesen hat und eine anspruchsvollere Aufgabe möchte, kann sich aus einer Wortschatzkiste eine Wortkarte holen und diese mit Hilfe einer Anlauttabelle entschlüsseln. Für besonders eifrige Lerner habe ich einige Exemplare der vollständigen Anlauttabelle auf Lager – auch wenn diese noch nicht allgemein verfügbar ist – und ich habe in einer eigenen Wortschatzkiste einige besonders knifflige Wörter, die ich nur auf besonderen Wunsch „herausrücke". Es wird also kein Kind auf einem Lernniveau festgehalten, das es unterfordert.

Es besteht außerdem auch noch die Möglichkeit, mit Blättern aus der Lesekartei zu arbeiten, die ich nach und nach in das Freiarbeitsregal lege. Diese Blätter sind einfach und übersichtlich gestaltet – ein einziges Thema pro Blatt – und werden fortlaufend schwieriger.[17] Auch hier hat jedes Kind die Möglichkeit, in seinem Tempo und auf seinem Niveau weiterzuarbeiten.

---

17 Lesekartei Edition MOPÄD, Persen Verlag, Buxtehude, 2007

Ab dem achten Buchstaben, dem L, gibt es für jeden weiteren Buchstaben, der eingeführt wird, eine neue Wörterliste. Oben stehen immer alle bereits gelernten Buchstaben. Hier zwei Beispiele:

AMORTWEL	
Teller	Retter
Teer	Trommel
Lotte	Trommler
Lore	Motte
Rolle	Motor
Roller	Maler
leer	Mama
Meer	Lama
toll	Aal
total	Tal
warte mal	rate mal
Lotto	alle

AMORTWELK	
Karl	Kamel
Kamm	merke
Keller	merkt
Kork	Markt
Werk	Karte
Lack	Krater
Kerl	Kater
kalt	Locke
komm	Rock
kommt	Krawatte
Wolke	locker
Kran	Wecker
Krake	meckert
Krawall	Traktor

König Karl sitzt in der Klemme

Heute erzähle ich euch eine Geschichte von einem König. Könige kennt ihr ja alle aus den Märchenbüchern: Sie sind oft grausam und blutrünstig, oft aber auch weise und gerecht.

Der König in unserer Geschichte war ein richtig lieber König. Er regierte seine Untertanen milde und war zu allen Menschen gut und freundlich. Eine Schwäche allerdings hatte er: Er war geradezu wild auf Süßigkeiten aller Art. Kuchen, Eiscreme und Komplott liebte er, und wenn er irgendwo eine Sahnetorte sah, war er nicht mehr zu halten. Deshalb war er im Laufe der Jahre auch ziemlich rundlich geworden. Wenn er lachte – und das tat er gerne und oft –, dann klirrten Gläser und Besteck auf dem Tisch. Ja, einmal war bei seinem dröhnenden Gelächter sogar schon ein Bild von der Wand gefallen.

Das hätte ja nun weiter niemanden gestört. Doch der König war nicht nur immer dicker, sondern auch immer kurzatmiger geworden, und das gefiel weder dem königlichen Leibarzt noch Ihrer Majestät, der Königin.

Eines Tages, als der König wieder einmal die Treppe zum Thronsaal hinaufkeuchte und nach jeder dritten Stufe stehenbleiben musste, um zu verschnaufen, sagte die Königin energisch: „Karl, da muss etwas geschehen, und zwar sofort!"

Doch was nun geschah, war das Schlimmste, was König Karl überhaupt passieren konnte: Er bekam eine Diät verordnet. Süßigkeiten wurden ihm restlos gestrichen, nur sonntags durfte er ein kleines Schüsselchen Pudding essen. Ein Schüsselchen Pudding! Was war das schon! Wo er doch sonst ganze Sahnetorten verschlungen hatte!

Da war es nun mit der Fröhlichkeit des Königs gründlich vorbei. Er schlich im Schloss herum – nur noch ein Schatten seiner selbst! Eines Abends, als er wieder wach im Bett lag – der Hunger und die Sehnsucht nach seinen geliebten Süßigkeiten ließen ihn nicht schlafen – beschloss er, sich heimlich auf die Suche nach etwas Essbarem zu machen. Ganz, ganz leise schlich er sich aus dem königlichen Schlafgemach, um nur ja die Königin nicht zu wecken. Er tappte in den dunklen, langen Gängen herum, denn auch ein Licht anzumachen wagte er nicht. Endlich fand er die königliche Speisekammer. Hier zündete er seine Kerze an und glaubte, seinen

Augen nicht trauen zu können. Was gab es da nicht alles: üppige weiße, rosarote und schokofarbene Sahnetorten, aufgestellt in Reih und Glied wie Soldaten auf einem Kasernenhof, ganze Bretter voller Schokoküsse, buntglasierte Plätzchen, die sich in riesigen Schüsseln türmten!

Der König wusste gar nicht, wo er anfangen sollte. Zum Auftakt verschlang er zwei Sahnetorten, dann ließ er sich eine Schüssel mit Butterplätzchen schmecken, und zum Schluss verspeiste er noch genüsslich ein halbes Dutzend Schokoküsse. Dann war er so satt, dass nicht das kleinste Löffelchen Pudding mehr Platz gehabt hätte, und schlich – besser gesagt: wankte – zufrieden zurück in sein Bett.

Am nächsten Tag war er glänzender Stimmung. Die Königin, die sich wegen der völlig veränderten Wesensart ihres Gemahls schon Sorgen gemacht hatte, dachte erleichtert: „Er scheint sich an die Diät zu gewöhnen."

Von nun an blieb die Laune des Königs glänzend, denn tagsüber aß er folgsam seine Diät, und nachts schlich er in die Speisekammer und stopfte sich dort mit Süßigkeiten voll. Etwas allerdings machte die Königin stutzig: Der König nahm trotz der äußerst strengen Diät kein bisschen ab, im Gegenteil: Immer noch runder schien er zu werden. Konnte denn das mit rechten Dingen zugehen?

Die Aufklärung des Rätsels ließ nicht lange auf sich warten. Eines Tages, als die Königin gerade in der Küche saß, um mit der Köchin den Diätplan des Königs für die nächste Woche zu besprechen, hörte sie, wie eine Küchenmagd zur anderen sagte: „Es ist doch nicht zu glauben. Jede Nacht verschwinden aus der Speisekammer Torten und Kuchen. Mir wird richtig angst, wenn ich daran denke, dass im Schloss Diebe herumschleichen."

Da war der Königin alles klar: Es gab keine Diebe, sondern nur einen Dieb: ihren Mann, den König Karl! Sie setzte sich sofort mit dem Leibarzt zu einer geheimen Unterredung zusammen. Die beiden schmiedeten einen Plan …

In der folgenden Nacht wartete der König wieder, wie immer, bis die Königin tief und fest schlief. Dann machte er sich auf seine Wanderung zur königlichen Speisekammer. Dort gönnte er sich zuerst wieder eine der köstlichen Sahnetorten. Doch gerade, als er mitten im vergnügtesten

Schmausen war, ging plötzlich ein Licht an, und eine Stimme, die er nur allzu gut kannte, sagte vorwurfsvoll: „Aber Majestät!"

Das war der Leibarzt! Der König erschrak fürchterlich. Vor Schreck ließ er die Sahnetorte fallen, die er in der Hand hielt. Sie klatschte genau auf seine nackten Füße. Schuldbewusst hörte er sich an, was ihm der Leibarzt zu sagen hatte. Dann machte er sich niedergeschlagen auf den Weg zurück in sein Bett.

Seine sahnebekleckerten Füße hinterließen ihre Spuren auf den roten Teppichen, mit denen alle Gänge des Schlosses ausgelegt waren. Auch die seidenen Bettlaken des königlichen Bettes bekamen ihren Teil an Sahnecreme und Schokostreuseln ab. Doch das war dem König, der für gewöhnlich ziemlich ordentlich war, in seinem Kummer völlig egal.

Den ganzen nächsten Tag war er schlecht gelaunt und unruhig. Die Königin sagte von der ganzen leidigen Angelegenheit kein Sterbenswörtchen zu ihm. Sie wechselte nur hin und wieder mit dem Leibarzt einen bedeutungsvollen Blick.

Am Abend wälzte sich der König unruhig im Bett herum. Er wollte den Leibarzt überlisten, deshalb brach er nicht zur selben Zeit wie sonst auf, sondern wartete, bis die Turmuhr zwölfmal schlug. „Jetzt ist dem Doktor bestimmt die Lust zum Warten schon vergangen", dachte er und machte sich zufrieden auf den gewohnten Weg. Doch mit seiner Zufriedenheit war es gleich aus, denn als er die Speisekammertür öffnen wollte, war sie verschlossen. So eine Gemeinheit!

Da brach nun eine harte Zeit für den armen König Karl an: Keine Torten, kein Kuchen, nur Diät, Diät und nochmals Diät!

Doch nach einigen Monaten fühlte er sich plötzlich besser. Er musste jetzt nicht mehr so oft verschnaufen, wenn er die Treppe hinaufstieg. Wieder einige Monate später konnte er sogar wieder reiten. Und nach einem Jahr Diät war der König fast wieder so schlank wie zu der Zeit, als er seine Königin geheiratet hatte. Jetzt merkte er erst, wie wohl er sich fühlte, weil er wieder flink und beweglich war.

Auf seine geliebten Süßigkeiten brauchte er dennoch nicht ganz zu verzichten. Jeden Mittwoch und jeden Sonntag nämlich bekam er zwei Stück Sahnetorte und drei Kugeln Eis.

König Karl

König Karl ist sehr gemütlich,
tut sich gern am Essen gütlich,
und wenn König Karl mal lacht,
wackelt alles, dass es kracht.

König Karl – ihr werdet lachen! –
liebt besonders süße Sachen!
Da kommt der Doktor – welch ein Jammer! –
sperrt ihm ab die Speisekammer!

In der Klemme sitzt der König,
alles ist ihm viel zu wenig!
Und weil er keinen Kuchen hat,
isst er Schnitzel mit Salat.

K k ck

König Karl

Lautgeste K

Ansicht von hinten, denn das Kind soll das „K" ja in den eigenen Körper hinein visualisieren:

Auf dem linken Bein stehen, linker Arm hängt herab, rechtes Bein und rechter Arm werden schräg zur Seite gestreckt, wie die beiden Schrägstriche des „K".

Das schmeckt gut mit K

Kokosnuss

In Bayern: Kletzenbrot

Wir lernen das K im Advent, da gibt es in Bayern bereits in den Bäckereien Kletzenbrot. Das fertige Kletzenbrot schneide ich in kleine Stückchen. Kletzen sind gedörrte Birnen. Ich bestelle davon einige im Obstladen und bringe sie als Anschauungsmaterial mit. Wer will, darf probieren. Kletzen kennen nur sehr wenige Kinder.

Das riecht gut mit K

Kaffeebohnen

Kümmel

Kardamom

Wortkarten

König	Karl
Kuchen	mag

Sieben weiße Nordpolhasen

Weißt du eigentlich, dass die Erde gar nicht so flach ist, wie sie uns vorkommt, sondern dass sie in Wirklichkeit rund ist, fast so rund wie ein Ball? Und dieser Ball ist oben und unten von einer dicken Eiskappe bedeckt. Die obere Eiskappe heißt Nordpol, die untere Südpol.

Die sieben kleinen, weißen Schneehasen, von denen ich dir erzählen will, lebten am Nordpol. Sie lebten dort mit ihrer Hasenmutter und ihrem Hasenvater. Ihr Hauptvergnügen war es, draußen in Eis und Schnee herumzurennen, auf die Eisberge zu klettern und von oben herunter zu rutschen. Dazu brauchten sie keinen Bob und keinen Schlitten, denn sie hatten ja ihr weiches, weißes Fell.

So weiß war ihr Fell, dass man sie in dem ganzen Eis und Schnee kaum sehen konnte. Die Hasenmutter, die wie die meisten Mütter ein wenig ängstlich war, lief oft vor das Haus, um nach ihren Kindern Ausschau zu halten.

Doch weil ihr Fell genauso weiß wie der Schnee war, konnte sie die kleinen Hasen nur selten ausfindig machen. Das bereitete ihr große Sorgen, denn sie glaubte immer, es sei ihnen etwas passiert:

Schließlich gab es die tückischen Gletscherspalten, in die man leicht hineinfallen konnte. Oder eines ihrer Kinder geriet auf eine Eisscholle und trieb ins Meer hinaus! Und schließlich gab es noch die Eisbären und den Polarfuchs, zwei gefährliche Räuber, die bestimmt nichts gegen das zarte Fleisch eines jungen Häschens hätten!

Wenn ihre Kinder nur dunkles Fell hätten oder wenigstens hellbraunes! Dann könnte sie immer sehen, wo sie wären, und brauchte keine Angst um sie zu haben.

Eines Tages hatte sie eine glänzende Idee, eine wirklich wunderbare Idee: Sie kaufte Wolle in allen Farben und strickte für jedes ihrer Kinder einen knallbunten Schal. Diese Schals mussten sie sich nun immer umbinden, wenn sie nach draußen liefen. Den kleinen Nordpolhasen gefielen ihre bunten Schals. Sie wärmten so angenehm, und die Hasenmutter konnte sich jederzeit vergewissern, dass alle ihre Kinder quietschfidel und munter waren.

Die sieben Nordpolhasen

Sieben weiße Nordpolhasen
haben sieben weiße Nasen,
mümmeln in dem weißen Schnee:
Hase sein ist schön, juhe!

Zeile 1: Hasenohren mit den Händen formen.
Zeile 2: An die Nase fassen.
Zeile 3: Klatschen
Zeile 4: Bei „juhe" die Arme hochwerfen.

Nn

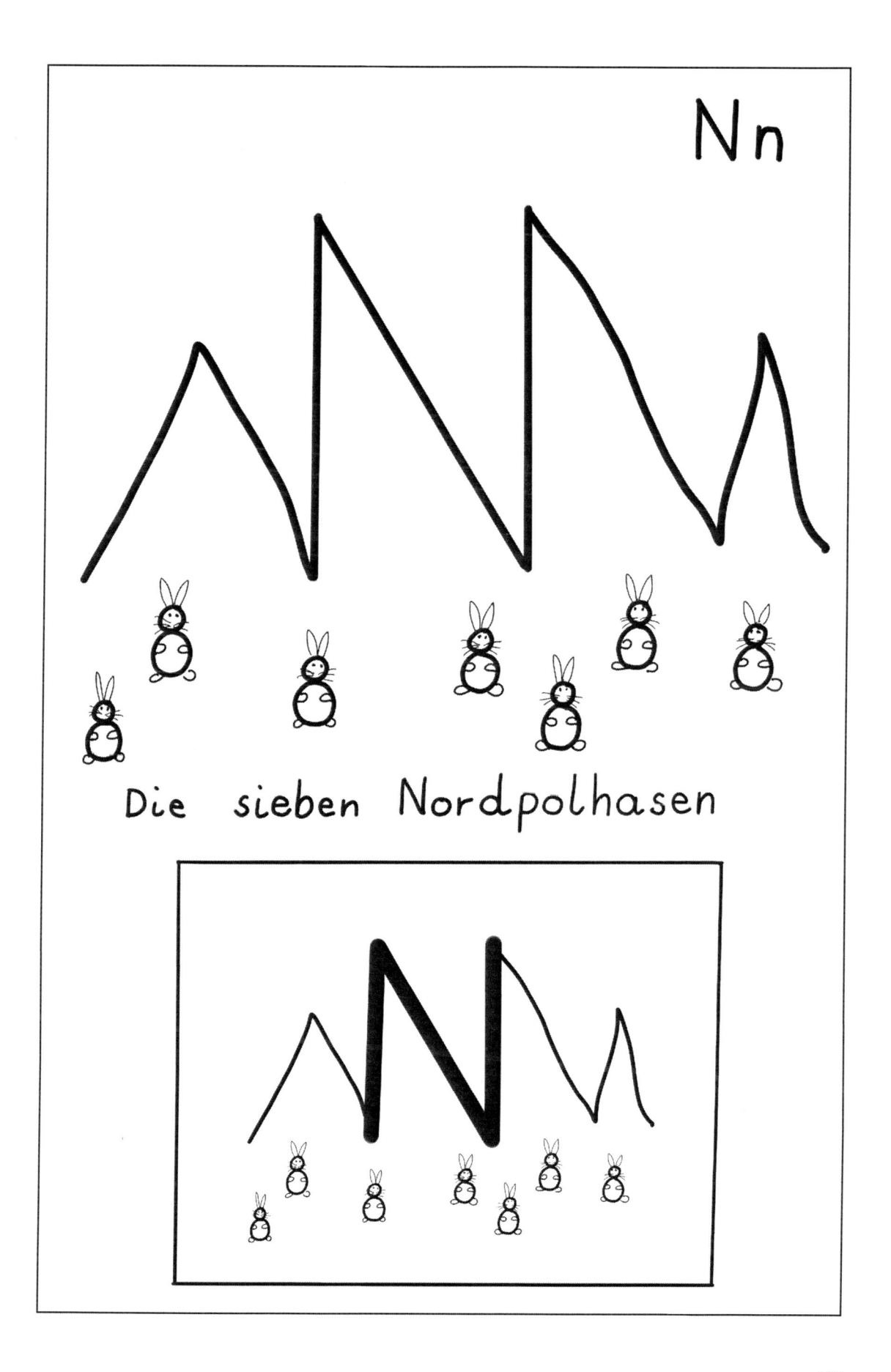

Die sieben Nordpolhasen

Lautgeste N

Diese Geste stammt aus der Gebärdensprache:

Zwei Finger für die zwei Senkrechtstriche des n an die Unterlippe legen, Mund leicht geöffnet, Zähne sind sichtbar, dazu das „nnn" sprechen

Das schmeckt gut mit N

Nüsse aller Art

Ich bringe verschiedene Nüsse mit: Haselnüsse, Walnüsse, Erdnüsse, Macadamianüsse, Pekannüsse, Paranüsse

Das riecht gut mit N

Nelken (Gewürznelken)

Wortkarten

die
Schnee
spielen
Hasen

Wortkartenmemory

Zwei Kinder mischen ihre Karten und legen sie mit der Rückseite nach oben aus.

Dann werden jeweils zwei Karten einer Farbe aufgedeckt und wer ein Paar gefunden hat, kann es behalten. Sieger ist, wer zum Schluss die meisten Kartenpaare hat.

Die roten Karten haben zwar Bilder auf der Rückseite, sind also leichter paarweise zu finden, aber die Bilder sind ja nicht alle so deutlich, dass sie hundertprozentig zu erkennen sind und außerdem wird dann auf der Vorderseite nochmal überprüft, ob die zwei Karten wirklich zusammenpassen. Es kann nach einigen Buchstaben auch auf das Bemalen der Rückseite verzichtet werden.

Und ich empfehle auch die Variante, jedem Spieler immer nur einen einzigen Spielzug zu erlauben, d.h., dass auch dann, wenn einer ein Paar gefunden hat, der nächste Spieler dran ist.

Tipp: Es sollen unbedingt alle Wortkärtchen mit dem Namen des Besitzers beschriftet werden, dann sparst du dir die Verwirrung am Ende des Spiels.

Isidor Igel

Am Chiemsee lebt in einer Hecke, ganz in der Nähe des Seeufers, ein besonders hübscher Igel mit seiner Frau und seinen Kindern. Er heißt Isidor und hat schöne, glänzende Stacheln, eine lackschwarze kleine Schnauze, kugelrunde Augen und am Bauch ein samtweiches Fell, das er peinlich sauber hält. Isidor ist ein gewissenhafter und freundlicher Igelvater: Er erzieht seine Kinder sorgfältig, zeigt ihnen, was sie essen dürfen und was nicht, bringt ihnen bei, sich immer hübsch sauber zu halten, und beantwortet geduldig alle ihre Fragen. Du wirst nun meinen, Isidor sei so ein richtiges Muster an Anstand und ich erzähle dir seine Geschichte nur, damit du dir an ihm ein Beispiel nehmen kannst. Aber leider muss ich dir sagen, dass er auch zwei schlechte Eigenschaften hat: Er ist furchtbar neugierig und schrecklich eitel.

Zuerst will ich dir einmal von seiner Eitelkeit erzählen: Er geht an keiner Pfütze vorbei, ohne darin sein Spiegelbild zu betrachten, und zu den Zeiten, wo keine Badegäste und Spaziergänger am See sind, läuft er immer wieder ans Ufer und schaut sich im Wasser an, ob er immer noch adrett und sauber aussieht.

Von seiner Neugier kann ich dir sagen, dass er gerne hinter den Büschen hockt, wenn die Menschen am Seeufer ihre Badesachen ausbreiten, und zusieht, was sie machen. Seine Frau wird dann immer ganz nervös und sagt: „Isidor, bleib doch von den Menschen weg. Wenn sie dich sehen, wollen sie dich vielleicht fangen und mit nach Hause nehmen.

Dann kannst du in einer Margarineschachtel wohnen und darfst nie mehr selber auf die Jagd gehen." Aber das nützt gar nichts. Isidor interessiert sich für die Menschen. Was die alles haben, um sich schön zu machen: Haarbürsten, Kämme, Schleifen, Spangen, Farbstifte, mit denen sie sich im Gesicht herummalen.

Am meisten gefällt ihm aber das blinkende und glitzernde Stück, das die Menschen „Spiegel" nennen. Er hat nämlich herausbekommen, dass sie darin ihr Bild sehen. So etwas müsste er besitzen!

Und siehe da – als er wieder einmal von seinem Versteck aus den Badegästen zuguckt, bemerkt er, wie eine Frau ihren Spiegel im Gras liegenlässt. Das ist die Gelegenheit! Kaum sind die Leute verschwunden, da flitzt Isidor auch schon hin, schnappt sich den Spiegel und trägt ihn in seine Wohnung.

Dort stellt er seinen Fund auf und betrachtet sich ausgiebig. Seine glänzend schwarze Knopfnase gefällt ihm sehr gut, aber mit seiner Frisur ist er nicht zufrieden. Als seine Frau heimkommt, sitzt er vor dem Spiegel, streicht mit einem Tannenzapfen über seine Stacheln – Kamm hat er ja keinen –, und versucht, sich, wie die Menschen, eine andere Frisur zu machen. Aber mit seinen Stacheln geht das nicht, die bleiben immer genauso wie vorher. Da lacht seine Frau und sagt:

*Isidor Igel, du brauchst doch keinen Spiegel,
denn dein Stachelhaar ist immer wunderbar.*

Isidor Igel

Isidor Igel
braucht keinen Spiegel,
denn sein Stachelhaar
ist immer wunderbar.

Ii

Isidor Igel

Lautgeste I

Ein Arm wird mit Schwung gerade nach oben gestreckt, mehrmals hintereinander, dazu den Laut sprechen.

Das schmeckt gut mit I

Ingwerkekse, Ingwer kandiert

Ich bringe frische Ingwerwurzel mit und lasse alle, die wollen, ein winziges Stückchen davon probieren

Das riecht gut mit I

Ingwer frisch

Ich schneide dünne Scheibchen von der frischen Ingwerwurzel ab und die Kinder können daran schnuppern

Wortkarten

Isidor

Igel

Spiegel

schön

Dora Dussel, die schusselige Ente

Am Fluss lebt eine Entenschar, Die Enten bauen ihre Nester im Schilf, legen Eier, brüten sie aus, erziehen ihre Jungen, suchen nach Nahrung und sind den ganzen Tag beschäftigt. Nur Dora ist anders als die anderen. Das Entendasein befriedigt sie nicht. Sie hat Sehnsucht nach etwas Höherem, Besserem, aber sie weiß nicht, was das sein soll. So spaziert sie am Ufer herum und hängt ihren Gedanken nach. Weil sie gar nicht aufpasst, wo sie hintritt, stolpert sie natürlich auch öfter und fällt sogar hin.

Die anderen Enten finden Dora ziemlich dämlich und nennen sie Dora Dussel.

Eines Tages geht Dora ganz allein im Wald auf und ab, tief in Gedanken, da stolpert sie wieder einmal über etwas. Diesmal ist es aber keine Wurzel, sondern ein Märchenbuch, das wohl jemand hier liegengelassen hat. Dora setzt sich hin und blättert vorsichtig mit dem Schnabel die Seiten um. Da sieht sie wunderbare Bilder. Zu gerne möchte sie wissen, welche Geschichten in dem Buch erzählt werden, aber eine Ente kann für gewöhnlich ja nicht lesen.

Doch Dora weiß, wer lesen kann: Der schlaue Rabe Korax. Also klemmt sie das Buch vorsichtig unter ihren rechten Flügel und macht sich auf den Weg zu Korax. Sie bittet ihn aber nicht, ihr aus dem Buch vorzulesen – nein, sie will selber lesen lernen! Korax staunt nicht wenig, dass ausgerechnet eine Ente bei ihm zur Schule gehen will, denn eigentlich hat er die Enten immer für eine recht einfältige und dumme Gesellschaft gehalten. Aber er freut sich über seine Schülerin und fängt gleich mit dem Unterricht an. In der nächsten Zeit haben die anderen Enten, die sich an die dusselige Dora schon richtig gewöhnt hatten, einen

Grund, sich zu wundern: Jeden Vormittag verschwindet sie für einige Stunden, und niemand weiß wohin.

Doch eines Tages hat Dora ausgelernt. Sie kann jetzt nicht nur lesen, sondern auch schreiben. Wie sperren da alle die Augen und Schnäbel auf, als sie mit ihrem Märchenbuch unter dem rechten Flügel angewatschelt kommt, sich seelenruhig unter einen Baum in den Schatten setzt, einige Entenkinder um sich versammelt und ihnen dann eine wunderschöne und äußerst aufregende Geschichte vorliest, von einer Prinzessin, die sich an einer Spindel in den Finger sticht und hundert Jahre schlafen muss, weil sie von einer bösen Fee verzaubert wird. In dem Buch steht auch, dass nun eine dichte, dichte Dornenhecke wächst, unter der das ganze Schloss verschwindet. Da sind die kleinen Entchen ganz traurig. Ein Entenküken fängt sogar zu weinen an, weil ihm die Prinzessin so leidtut.

Doch Dora tröstet es: „Alles geht gut aus, keine Angst!" Inzwischen sitzen nicht nur die kleinen Entchen, sondern auch die erwachsenen Enten um Dora herum und hören gespannt zu. Nun kommt die Stelle, an der ein tapferer Prinz durch die Dornenhecke bis ins Schloss vordringt. Er findet die schlafende Prinzessin und küsst sie. Da wacht sie auf und alle Enten freuen sich, schlagen ihre Flügel zusammen – das ist der Enten-Applaus – und rufen hurra!

Dann betteln sie: „Lies uns noch eine Geschichte vor!" Und so geht es jetzt jeden Tag.

Bald wollen die ersten Enten selber das Lesen lernen. Da eröffnet Dora eine Entenschule. Jeden Vormittag gibt sie Unterricht im Lesen und Schreiben. Und niemand nennt sie jetzt noch „Dora Dussel". Im Gegenteil: Sie ist der Stolz der ganzen Entenschar geworden.

Dora Dussel

Dora Dussel ist ein Schussel,
schaut gern in die Luft.
Dora Dussel ist ein Schussel,
hört nicht, wenn man ruft.

Aber eines schönen Tages
wird die Dora schlau:
lernt das Lesen, lernt das Schreiben,
alles ganz genau.

Ja, die Dussel-Schussel-Dora
ist kein Dussel mehr:
alle geh'n bei ihr zur Schule,
und das freut sie sehr.

Dd

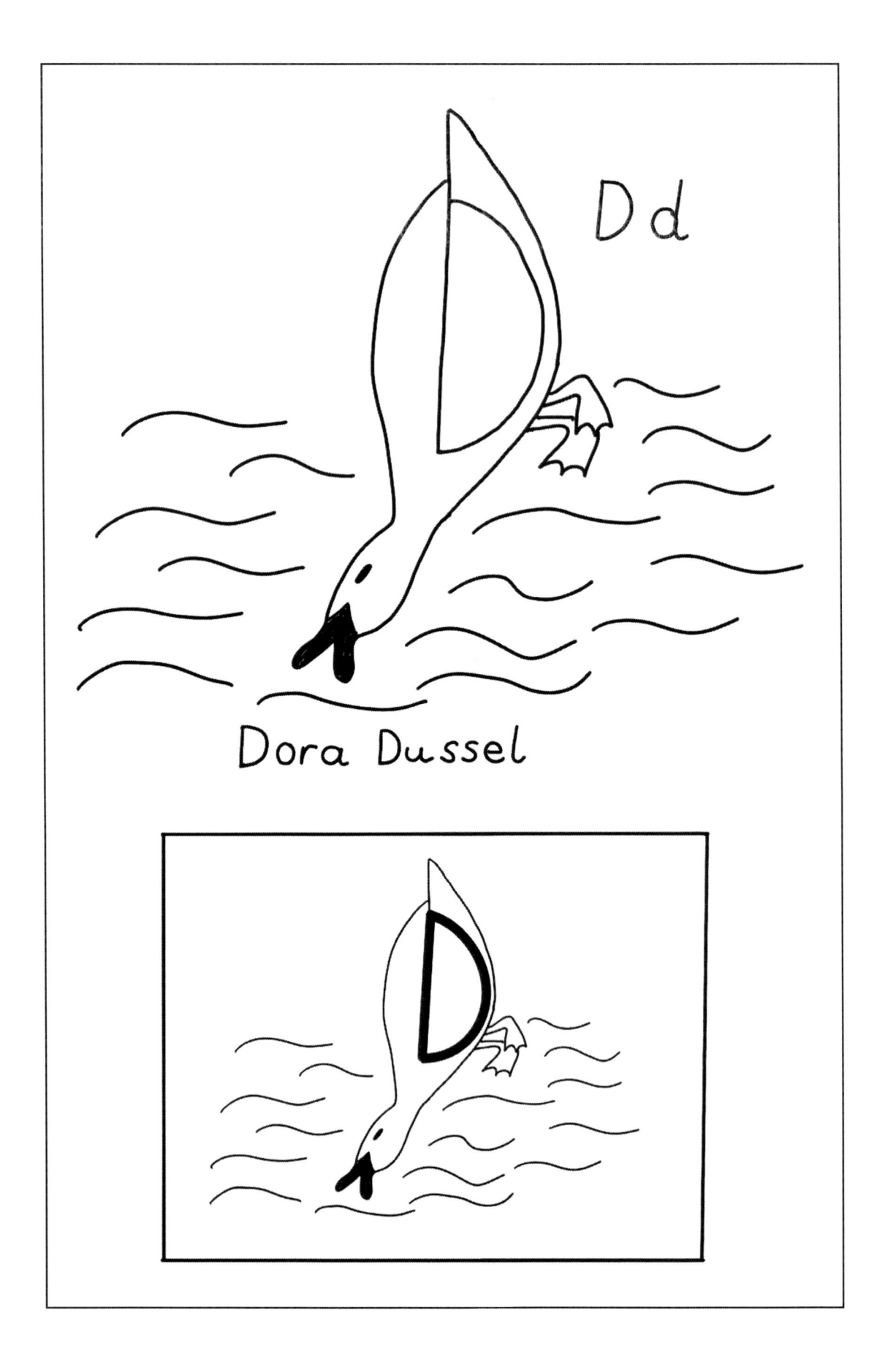

Dora Dussel

Lautgeste D

Ansicht von hinten: Der rechte Arm wird nach außen abgebogen, Fingerspitzen an der Hüfte auflegen. Oberkörper und gebogener Arm bilden ein „D".

Eine andere Lautgeste für das D: Die Spitze des Zeigefingers auf den Daumen legen (Innenseite des oberen Daumengliedes) und wegschnipsen. So weich klingt das D im Unterschied zu dem harten Boxgeräusch beim T.

Das schmeckt gut mit D

Datteln,
frische Datteln am Zweig

Du kannst zum Vergleich auch noch in Zucker eingelegte Datteln mitbringen.

Das riecht gut mit D

Dill

Du kannst getrockneten und frischen Dill mitbringen. Viele Kinder kennen die heimischen Kräuter gar nicht.

Wortkarten

| Dora | kann |

| lesen | Buch | ein |

Wortkarten legen in Partnerarbeit

Ein Partner zieht aus seinem Stoß eine Wortkarte, der andere Partner liest sie und muss die passende Karte aus seinem Stoß suchen und danebenlegen.

Nun ist der andere dran, sucht eine Karte, legt sie, der erste liest und legt die passende Karte daneben.

Dann wieder Partnerwechsel. Mit einer 5- oder 10-Minuten-Sanduhr kann die Arbeitszeit begrenzt werden. Das Arbeitstandem kann notieren, wie viele Kartenpaare in dieser Zeit gelegt wurden. Das Ziel ist es, hier das Tempo zu steigern. Wenn die Karten vorher nach Farben sortiert werden, erleichtert das den Ablauf und die Wörtersuche kann flotter vonstattengehen.

Elefant	Elefant
kommt	kommt
König	König
Lama	Lama
spuckt	spuckt
rennt	rennt

Susi Sausewind

"Mama, darf ich mit Daniel spazieren fahren?" bettelt Susi oft. Daniel ist das kleine Brüderchen. Es liegt noch den ganzen Tag im Bettchen oder im Kinderwagen. Mama antwortet dann immer: "Nein, Susi, du bist mir dafür zu wild. Ich hätte Angst, dass du mir nicht vorsichtig genug wärst." Und dabei ist es bis jetzt geblieben. Mama hat sich noch nicht erweichen lassen. Susi ist allerdings ehrlich genug zuzugeben, dass sie Mama schon verstehen kann. Es ist ja wirklich wahr: Sie ist wilder als jeder Junge, klettert auf jeden Baum, flitzt um alle Ecken, und wenn irgendwo eine Pfütze ist, kann man sicher sein, dass früher oder später Susi darin landet.

"Du bist ein richtiger Sausewind", sagt Papa oft, "eigentlich sollten wir dich nicht Susi nennen, sondern Suserich." Man muss Mama also schon verstehen, wenn sie diesem wilden Kind nicht das Brüderchen anvertrauen will.

Eines Tages jedoch hat sie sich die Sache anscheinend anders überlegt, denn als Susi wieder einmal fragt: "Mama, darf ich mit Daniel spazieren fahren?", bekommt sie die völlig unerwartete Antwort: "Ja, aber fahr' vorsichtig, und vor allen Dingen: Renn' nicht mit dem Kinderwagen!"

Susi verspricht, sehr, sehr gut aufzupassen, und schiebt hochzufrieden los. Zuerst geht sie langsam und vorsichtig, ganz stolz, dass sie alleine das Brüderchen ausfahren darf. Doch dann wird ihr das allmählich langweilig, und sie beginnt, den Kinderwagen ein kleines bisschen anzuschubsen, loszulassen und dann wieder einzufangen. Das macht dem Kleinen Spaß! Er kräht vergnügt und fuchtelt mit seinen kleinen Armen. Susi schubst den Wagen immer fester, lässt ihn immer weiter vorausrollen, ehe sie ihn wieder einfängt.

Nach einiger Zeit führt der Weg bergab. Da schiebt Susi wieder ganz ordentlich. Sie hat sich ja wirklich vorgenommen, vorsichtig zu sein. Aber dann denkt sie sich: „Wenn ich nur einmal kurz loslasse, dann kann doch gar nichts passieren." Gedacht – getan. Der Wagen rollt nur ein kleines Stückchen, und sie erwischt ihn mühelos sofort wieder. Nun schubst sie ein wenig – auch das macht nichts. Sie schubst ein bisschen stärker – jetzt muss sie schon ein paar schnellere Schritte machen, um den Wagen wieder einzuholen. Das gefällt dem kleinen Daniel. Er jauchzt ganz entzückt, während Susi immer wilder wird. Sie denkt sich: „Das letzte Stück bergab gebe ich dem Kinderwagen einen ordentlichen Schubser, und dann renne ich mit ihm um die Wette."

Doch gerade das letzte Stück ist besonders steil, und der Wagen rollt sehr schnell abwärts. Susi will bis fünf zählen, bevor sie mit dem Wettrennen beginnt. Aber schon bei „drei" sieht sie, wie der Kinderwagen gefährlich schwankt. Da bekommt sie Angst. Sie rennt sofort los. Der Wagen ist schneller, als sie gedacht hat. Jetzt findet auch Daniel das Ganze nicht mehr lustig. Aus seinem vergnügten Kreischen ist ein ängstliches Geschrei geworden. Susi sprintet, so schnell sie kann. Ihr Herz klopft wie wild. Der Wagen holpert in rascher Fahrt dahin. Er wird jeden Moment umkippen.

Da – Susi hat den Griff erwischt! Sie bremst und steht nun erst einmal mit zittrigen Knien und völlig außer Atem da. Das Brüderchen brüllt noch immer. Doch als sie es auf den Arm nimmt, beruhigt es sich gleich. Nach einiger Zeit setzen die beiden ihren Weg fort. Wer ihnen jetzt begegnet, sieht einen quietschvergnügten Daniel und eine sehr artige Susi, die vorsichtig den Kinderwagen schiebt.

Zu Hause beichtet Susi erst einmal ihrer Mama alles, und die sagt: „Jetzt kann ich dich beruhigt mit dem Kinderwagen losfahren lassen, denn du wirst in Zukunft bestimmt immer vorsichtig sein, das sehe ich dir an der Nasenspitze an." Und das könnt ihr glauben, dass die Mama da recht hatte.

Susi Sausewind

Susi Sausewind
ist ein schnelles Kind,
wie man nicht so leicht
noch ein and'res find't.

Saust um jedes Eck,
fliegt in jeden Dreck,
und ist schon …
…..................... weg!

Zeile 1 bis 4: Die letzten drei Silben in einem punktierten Rhythmus sprechen, die erste Silbe länger, die anderen beiden kurz:
Sau – se wind,
schnel – les Kind,
nicht so leicht,
and' – res find't.
Zu diesen drei letzten Silben jeder Zeile klatschen.
Zeile 5 und 6: Die letzten drei Silben wieder punktiert sprechen, dazu Gesten:
Zu „je – des Eck" mit einer Hand eine Ecke in die Luft zeichnen.
Zu „je – den Dreck" mit einer Hand einen Sturz in hohem Bogen andeuten.
Zeile 7: Zu jeder der drei Silben klatschen.
Zeile 8: Bei „weg" auf den Boden ducken.

S s

Susi Sausewind

Susi Sausewind

Lautgeste S

Ansicht von hinten: Mit dem rechten Arm ein großes „S" schwungvoll in die Luft malen, dazu zischen: Ssssss

Das schmeckt gut mit S

Senfsemmeln

Ich bestelle beim Bäcker kleine Vollkorn-Partysemmeln, die ich halbiere. Die Kinder haben in ihrer Gruppe je ein Tellerchen mit süßem, scharfem und extra scharfem Senf stehen. Sie sollten je ein Messer und einen Kuchenteller mitbringen und dürfen sich nun von der gewünschten Senfsorte etwas auf ihre Semmel streichen. Den extra scharfen Senf nenne ich „Teufelssenf", das ist Löwensenf extra scharf. Nicht alle Kinder wagen sich an diesen. Wer sich traut, wird bewundert.

Das riecht gut mit S

Salbei

Am besten bringst du einen Salbeistock mit. Die Blätter werden zwischen den Fingern zerrieben und entfalten so ihren Duft.

Wortkarten

Susi   saust

Wagen

Das 100-Stunden-Lesetraining

Im zweiten Trimester kannst du mit einem gezielten und langfristigen Lesetraining beginnen. Wenn die Kinder bis jetzt gelernt haben, Wörter, Sätze und vielleicht sogar kurze Texte sinnerfassend zu lesen, so ist das unbedingt erfreulich. Nur darfst du als Elternteil oder Lehrerin dich nicht in dem Glauben wiegen, das Wichtigste sei geschafft. Etwas Wichtiges, ja, das schon. Aber die Hauptsache kommt erst noch. Wenn nämlich jetzt nicht gezielt, geplant, organisiert und überwacht weitertrainiert wird, dann besteht die Gefahr, dass ein nennenswerter Teil deiner Klasse oder dein Kind nie über den Status des Entzifferns oder des angestrengten Lesens hinauskommt.

Das hört sich nun sehr nach Miesmacherei und Schwarzseherei an, ist aber leider nur allzu realistisch. Die Zahlen sprechen hier eine deutliche Sprache: Es gibt in Deutschland unter den über 18-Jährigen ca. 9,5 Millionen funktionelle Analphabeten[18], das sind Menschen, die alle einmal einen Leselehrgang in der Schule durchlaufen haben, aber nie den Weg zum sicheren, leichten und geläufigen Lesen finden konnten.

Ich denke da an meinen Schüler Florian, das war ein bemerkenswert aufgeweckter und blitzgescheiter Erstklässler. Er hatte buchstäblich im Handumdrehen verstanden, wie das mit dem Lesen funktioniert und konnte nach kurzer Zeit bereits kleine Texte sinnerfassend lesen. Das würde nun, könnte man meinen, eine glänzende Lesekarriere prognostizieren. Genau das trat aber leider nicht ein: Florian las in der vierten Klasse noch genauso wie vor Weihnachten in der ersten Klasse. Wie konnte das geschehen? Die Erklärung ist ganz einfach: Es genügte ihm zu wissen, wie Lesen „geht", aber er zog nicht einmal ansatzweise in Erwägung, sich dann noch den Mühen des konsequenten Übens zu unterziehen. Viel lieber ging er zum Fußballtraining, die Hausaufgaben erledigte er nur mit dem allernötigsten Minimum an Aufwand und so trat er schulisch mehr oder weniger auf der Stelle.

Vom Entziffern zum flüssigen Lesen

Der beste Leselehrgang ist ungenügend, wenn nicht an die erste Phase des Erlernens die zweite Phase des Automatisierens anschließt. Das ist nicht anders als beim Autofahren, Tennisspielen, Tanzen oder Skilaufen: Wenn jede einzelne Bewegung nur bewusst und kontrolliert ausgeführt wird, dann bleibt

---

[18] https://www.bundesregierung.de/breg-de/service/newsletter-und-abos/rundbrief-ausbildung/analphabetismus-ein-unterschaetztes-und-tabuisiertes-problem-in-deutschland-351602, zuletzt aufgerufen am 8.8.2022

der Autofahrer ein Stümper und Tänzer und Sportler werden nie den „Genuss-Level" erreichen, sondern sich immer eher freudlos abmühen.

Nun kann man zwar auf Tanzen oder Tennisspielen verzichten, nicht aber auf das Lesen. Wer nur mühsam entziffern kann, bleibt beruflich schnell auf der Strecke. Auch Studenten, deren mangelnde Fähigkeit, längere Texte zu lesen und zu verstehen, mittlerweile von vielen Universitätsprofessoren beklagt wird, täten sich leichter, wenn das Lesen komplexer Texte für sie kein kognitiver Hindernislauf, sondern nur „normale" Denkarbeit wäre.

Das Lesetraining – der Elefant in kleinen Stücken

Wie verspeist man einen Elefanten? In kleinen Stücken!

Genauso geht es mit dem Lesetraining. Wenn täglich ein kleines Trainingsstück abgearbeitet wird, kommt bei konsequentem Dranbleiben in einem Jahr eine beachtliche Übungs-Dosis zusammen.

Überlege einmal, wie viele Stunden Skifahren oder Tennis du absolvieren musst, um wirklich, wirklich gut zu werden! Da sind 100 Stunden nicht ausreichend.

Und nun denk daran, eine wie komplizierte Sache das mit dem Lesen für dein Gehirn ist. Da kann es doch gar nicht genügen, wenn dir einmal gezeigt wird, wie's geht, du das dann ein paarmal nachmachst und das soll's dann gewesen sein?

Das wäre so als würde dir ein Skilehrer zeigen, wie Bögen, Schwünge, Carving, Freeriden etc. „gehen", du würdest versuchen, es ein paarmal nachzumachen und dann sollst du „gut" sein? Das ist Unfug und jeder weiß es.

Lesen lernt man nur durch Lesen

Leseanfänger haben den größten Übungsberg vor sich. Ich habe bei dieser Zielgruppe mit einem Pensum von 100 Übungsstunden die besten Erfahrungen gemacht.

Hundert Stunden – das hört sich vielleicht nach sehr viel an, aber es ist doch eigentlich ganz logisch, dass gerade eine so komplexe Fähigkeit nicht auf die Schnelle erlernt werden kann. Und was sind beispielsweise schon 100 Tennisstunden? Zwei Jahre lang einmal wöchentlich zu spielen – also ca. 100 mal –, macht einen bestimmt noch nicht zum Meister. Deshalb ist es doch gar nicht so übermäßig viel, 100 Stunden Lesen zu üben. Wenn das konsequent durchgehalten wird, dann zeigt sich der Erfolg deutlich.

Die Frage ist deshalb nicht, ob das Lesen konsequent und langfristig geübt werden muss, die Frage ist nur: Wie können wir das organisieren?

Es hätte wenig Sinn, einmal in der Woche eine Stunde lang das Lesen zu üben. Erstens wäre die einzelne Übungseinheit viel zu lang und zweitens wären die Abstände zwischen den einzelnen Übungen zu groß.

Lesenlernen bedarf der täglichen Arbeit in kurzen Einheiten von einer Viertelstunde.

Es soll auf keinen Fall länger als zwei Tage damit ausgesetzt werden. Das ist leicht zu schaffen, wenn an allen Wochentagen geübt wird. Wenn Kinder erst einmal auf dem „Übungstrip" sind, dann macht es ihnen erfahrungsgemäß nicht einmal etwas aus, auch am Wochenende ihre Übungszeit zu absolvieren.

Das Problem sind hierbei viel eher die Mütter, die sich am Wochenende vielleicht nicht so gerne als Coach betätigen.

Wird das Lesen aber als gemeinsames Vergnügen erlebt, dann ist die Leseviertelstunde keine Plage, sondern etwas Schönes. Die nonverbale Botschaft, ob die Mutter gerne oder nur „weil es sein muss" mit dem Kind liest, wird von diesem sehr wohl aufgenommen und trägt unbewusst zu seiner Meinungsbildung über das Lesen schlechthin bei.

Das Kernstück eines sinnvollen und erfolgversprechenden Lesetrainings bildet auf alle Fälle die tägliche Übung.

Übung konkret

Das Training, das ich dir jetzt beschreibe, habe ich mit vielen Erstklässlern durchgeführt, auch viele Kolleginnen und Lerntrainerinnen und sogar einige Eltern haben es übernommen und die Erfolge sind überzeugend.

Allerdings ist es eine unabdingbare Voraussetzung, dass die Kinder und auch deren Eltern – oder wer immer als Coach das Ganze begleitet – dieses Training auch machen wollen.

Aber das ist bei allem Lernen so: Gegen den Willen der Akteure kannst du nichts ausrichten. Wir müssen uns das nur immer wieder klarmachen. Unser pädagogisches Wirken hat Grenzen, aber andererseits auch sehr weitreichende Möglichkeiten, wenn alle Beteiligten wirklich wollen.

Natürlich gilt das auch für das hier vorgestellte Training: Übernimm es genauso oder wandle es für deine individuellen Bedürfnisse ab. Du bestimmst über deinen Unterricht.

Das Uhrenbuch

Der Leseanfänger kann mit einem gezielten Training erst beginnen, wenn er mindestens 10 Buchstaben gelernt hat. Ab diesem Kenntnisstand können einfache Bilderbücher mit wenig Text in Angriff genommen werden. Die Mama (selbstverständlich auch der Papa) kann dann die noch nicht bekannten Buchstaben „einsagen" und das Kind liest weiter.

In meinen Klassen bekamen die Kinder ein Lesetrainingsbuch mit lauter „Uhrenblättern" – insgesamt 100 Uhren – die zu einem Trainingsbuch gebunden waren. Das ist mit einem Spiralbindegerät – am besten elektrisch – kein Problem. Auch jeder Copyshop bietet diesen Service an.

Die drei Abschnitte des Lesetrainings waren auch im Uhrenbuch unterschiedlich dargestellt.

Erster Abschnitt: 12 Stunden
Zwölf Seiten mit je einem Zifferblatt

Zweiter Abschnitt: 40 Stunden
10 Seitenmit je vier Zifferblättern

Dritter Abschnitt: 48 Stunden
Sechs Seiten mit je acht Zifferblättern

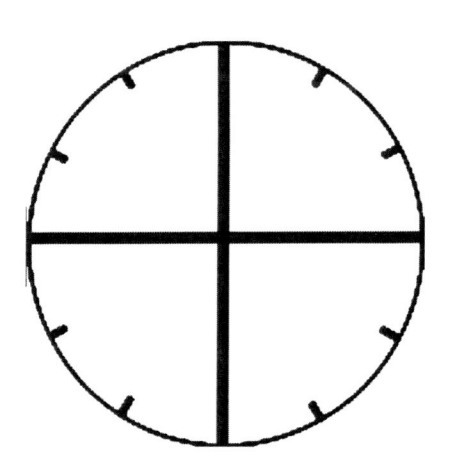

Es wurde ordnungsgemäß geübt.
_____
Datum   Unterschrift

Auf diesen Uhrenblättern wurden die bereits absolvierten Übungsviertelstunden ausgemalt oder schraffiert. Jedes Kind konnte an den markierten Zifferblättern sehen, wie fleißig es schon gewesen war. Das mag uns vielleicht gar nicht bedeutend erscheinen, für die Kinder aber war es ein starker Motivationsfaktor, dass ihre Arbeit sichtbar gemacht werden konnte. Mir wurde oft erzählt, dass bei Besuchen der Großeltern das Uhrenbuch herausgenommen und genüsslich Seite für Seite vorgeführt wurde.

Organisation und Kontrolle

In der Schule organisiere ich das Training – unter Mithilfe der Eltern, Großeltern usw. – für die Leseanfänger so, dass jeder bei gewissenhafter Übung auf 100 Stunden Training kommen kann.

Weil jedes Kind pro Tag eine Viertelstunde einzeln gecoacht werden muss, lässt sich leicht ausrechnen, dass diese Betreuung in einer Schulklasse nicht zu leisten ist. Das muss nachmittags gemacht werden: im Hort oder zu Hause. Wenn der Wille und die Einsicht in die Bedeutung des Trainings da sind, lässt sich das organisieren.

Die erste Übungsphase

In der ersten Phase – 12 Übungsstunden – wird nur laut gelesen. Sie umfasst insgesamt 48 Übungseinheiten. Auf einer Seite des Übungsbuches ist jeweils eine große Uhr abgebildet, eingeteilt in vier Viertelstunden (s.oben). Jede laut gelesene Viertelstunde wird markiert.

Wichtig: Pro Tag darf nur eine Viertelstunde ausgemalt werden. Wenn länger gelesen wird, dann ist das super, aber als Trainingsmodul wird nur eine Viertelstunde angerechnet. Es ist also nicht möglich, eine Woche lang nicht zu üben und dann auf einmal einen ganzen Schwung an Viertelstundeneinheiten abzuzeichnen. Ein derartiges Training brächte nicht den erwünschten Erfolg.

In den ersten Wochen des Trainings darf die Viertelstunde auch noch mit dem Lesen der Wörterlisten, dem Abbauen von Kärtchenwörtern und dem Suchen bekannter Wörter in der Lesemappe gefüllt werden. Hauptsache: das laute Lesen steht im Mittelpunkt.

Die Mama oder der Papa oder wer auch immer als Coach fungiert, müssen nach dem „Abarbeiten" einer Uhr – also nach vier Trainingseinheiten – auf jeder Seite unterschreiben, dass diese ordnungsgemäß geübt wurde. Die Kinder bringen ihr Buch mit der unterschriebenen Seite in die Schule mit und dürfen sich dann einen Aufkleber aussuchen.

Ist der erste Übungsabschnitt fertig, muss das Kind eine „Leseprüfung" ablegen: Ein einfacher Text muss laut vorgelesen werden. Hinterher gibt es noch einige Fragen zum Inhalt. Kann die Aufgabe zufriedenstellend bewältigt werden, wird ein Lesepass ausgestellt, der ebenfalls drei Abteilungen hat – wie das Lesetraining.

Nach dem ersten Abschnitt wird im vorher schon bereitgelegten Pass das Erreichen der ersten Lesestufe bestätigt: **Geprüfter Leseanfänger**.

Es gibt als Erfolgsprämie ein Lesezeichen und ein Geduldspiel.

Slogan: Wer Lesen lernt, braucht viel Geduld!

So sieht der Lesepass aus, als Folder aus Kopierkarton (140 g) und in einer Mädchen- und Bubenversion, außerdem in der Wunschfarbe eines jeden Kindes und versehen mit Namen und Passfoto.

Du hast die Schlussprüfung bestanden und bist nun eine geprüfte Lesemeisterin _____ _____		**Lesepass der Grundschule** _____

Außenseite des Lesepasses

Passfoto für _____ _____	Du hast die erste Leseprüfung bestanden und bist nun eine geprüfte Leseanfängerin. _____	Du hast die zweite Leseprüfung bestanden und bist nun eine geprüfte fortgeschrittene Leserin. _____

Innenseite des Lesepasses

Die zweite Übungsphase

In der *zweiten Phase wird abwechselnd eine Übungsviertelstunde laut, am nächsten Tag wieder eine Viertelstunde leise gelesen* und so fort im Wechsel. Besteht aber noch Übungsbedarf für das laute Lesen, dann wird dieses noch einige Zeit fortgesetzt. Laut gelesene Viertelstunden werden rot markiert, die leise gelesenen in einer anderen Farbe.

Der zweite Abschnitt umfasst 40 Übungsstunden und somit 160 Übungseinheiten. Auf einer Seite des Übungsbuches sind jetzt vier kleinere Uhren. Es müssen nun jeweils zwei Uhren von den Eltern abgezeichnet werden und die Kinder dürfen sich auch wieder einen Aufkleber aussuchen.

Auf dieser Stufe ist schon mehr Ausdauer nötig, denn man braucht acht Übungseinheiten, um zu einem Aufkleber zu kommen. Nach dem Absolvieren des zweiten Trainingsabschnitts gibt es wieder eine Leseprüfung.

Es muss ein Text laut gelesen werden. Zu diesem Text müssen schriftlich einige einfache Fragen beantwortet werden.

Nach bestandener Prüfung wird im Lesepass der zweite Abschnitt ausgefüllt: **Geprüfter fortgeschrittener Leser**.

Es gibt auch wieder eine Erfolgsprämie.

Bei mir war das immer ein Original-Schul-Tafelschwamm und außerdem fünf verschiedene Tafelkreiden nach Wahl, dazu noch ein kleines Spielzeug, z.B. eine Wasserpistole (gibt es sehr schön als „spritzende Tiere") oder einen Propeller zum Aufziehen o.ä.

Slogan: Nun hast du Erholung verdient!

Die dritte Übungsphase

Der dritte Trainingsabschnitt umfasst insgesamt 48 Übungsstunden. Auf einer Seite des Übungsbuches sind nunmehr acht Uhren, also insgesamt 32 Trainingseinheiten. In diesem Stadium **muss pro Uhr nur noch ein Viertel laut** gelesen und damit rot ausgemalt werden. Drei Viertel einer Uhr werden leise gelesen und in einer anderen Farbe ausgemalt.

Hat das Kind noch mehr „lauten" Übungsbedarf, dann kann man das ja anders einteilen. Jede geübte Seite wird wieder – entweder jeweils nach zwei oder nach vier Uhren – von den Eltern abgezeichnet und die Kinder bekommen einen Aufkleber.

Am Ende dieses Trainingsabschnittes und damit zugleich am Ende des Lesetrainings kommt die Lese-Abschlussprüfung: Es muss eine Geschichte laut gelesen werden. Dann gibt es noch einen zweiten Text, der leise gelesen wird. Zu diesem Text werden Fragen schriftlich beantwortet.

Nach bestandener Prüfung wird der Lesepass fertig ausgefüllt: Das Kind ist nun **geprüfter Lesemeister** und bekommt als Erfolgsprämie ein Buch, das es aus einer bereit gelegten Auswahl im Voraus schon ausgesucht hatte.

Die Kosten für diese „Prämien" tragen übrigens die Eltern, aber sie werden von der Schule verliehen, das gibt ihnen etwas Besonderes.

Zusammenfassung

Das 100-Stunden-Training zieht sich bis weit in die zweite Klasse hinein, manche Kinder schaffen es auch nicht bis zum Ende der zweiten Klasse. Immerhin sind es 400 Übungseinheiten.

Aber auch wenn vielleicht nicht jedes Kind im Lauf der zwei Jahre ganz ans Ziel kommt, so ist das kein Grund, das Training zu lassen. Ich habe mit einigen Drittklasslehrerinnen gut zusammengearbeitet und die haben dann bei den wenigen noch „fälligen" Kindern den Rest des Trainings überwacht. Die allermeisten Kinder aber haben die 100 Stunden geschafft, weil sie auch am Wochenende einmal übten oder auch einmal in den Ferien. Das Fertigwerden war ihnen wichtig.

Mit diesem Training ist außerdem eine sehr wichtige Botschaft verbunden: Etwas so Großes wie das wirklich flüssige Lesen erwirbt man nur durch langfristiges und beständiges Üben. Die Kinder, die auf den Lesegeschmack kommen, empfinden das übrigens nicht mehr als Arbeit, sondern, je weiter sie kommen, immer mehr als Vergnügen. Genau da wollen wir ja auch hin.

Die Unke Ulla

Manche Kinder haben es in der Schule nur deshalb schwer, weil sie ein bisschen anders sind als die meisten anderen, zum Beispiel ein bisschen größer oder ein bisschen kleiner, ein bisschen dicker oder ein bisschen dünner, oder weil sie rote Haare haben oder vielleicht ein Muttermal im Gesicht.

Da gibt es dann oft so richtige kleine Scheusale, denen es Spaß macht, solche Kinder auszulachen, ihnen hässliche Sachen nachzurufen oder andere Kinder gegen sie aufzuhetzen. Vielleicht hast du so etwas selber schon einmal erlebt, dann weißt du ja, was ich meine.

Nun gibt es das aber nicht nur bei den Menschen, nein, auch bei den Tieren haben es diejenigen besonders schwer, die irgendwie anders sind als die anderen.

So lebt zum Beispiel im Krötenwald ganz allein in einer Erdhöhle die Unke Ulla. Sie ist sehr, sehr alt und sehr, sehr klug, und deshalb ist sie den meisten Tieren unheimlich. Sie haben richtig Angst vor ihr. Dabei könnte Ulla für sie so nützlich sein. Sie versteht nämlich von Medizin und Heilkräutern mehr als jeder Doktor und kann mit ihren Arzneien fast alle Krankheiten heilen.

Niemand weiß das besser als Gregor Kaninchen. Er war nämlich im letzten Winter so unglücklich auf einer vereisten Stelle ausgerutscht, dass er sich einen Vorderlauf gebrochen hatte. Gottseidank war das ganz nahe bei Ullas Höhle gewesen. Sie hörte ihn schreien und kam gleich herbeigelaufen. Gregor, der sich wie die meisten Tiere vor ihr fürchtete, bekam zuerst einmal einen Heidenschreck, als er sie sah. Doch dann gab sie ihm einen Schluck heißen Brombeerwein gegen die Kälte, da sah alles gleich freundlicher aus. Danach schiente sie sein gebrochenes Bein und wickelte einen Verband aus allerlei Wurzeln und Kräutern darum. Schließlich musste er noch drei Wochen lang jeden Tag einen Löffel voll Medizin nehmen. Aber heute läuft er wieder herum, als hätte er sich nie etwas gebrochen. Seitdem besucht er Ulla mindestens einmal in der Woche.

Für seine Verwandten, die Feldhasen, ist es jedenfalls ein wahres Glück, dass Gregor mit der Unke befreundet ist, denn sonst hätten sie sich nie zu ihr getraut, um Hilfe zu holen, als sie im letzten Frühjahr alle miteinander den Hasenschnupfen bekamen. Du musst wissen, dass Hasenschnupfen für Hasen mindestens so gefährlich ist wie eine Lungenentzündung für uns Menschen. Und dieses Mal hatte es die ganze Familie erwischt, alle, bis auf Toni Hase. Sie lagen in ihrer Behausung unter der Hecke und niesten, husteten und schnupften den ganzen Tag.

Toni, der das nicht mehr mit ansehen konnte, machte den Vorschlag: „Wie wäre es, wenn wir die Unke um Hilfe bitten?" Die anderen Hasen waren zuerst gar nicht damit einverstanden, denn sie fürchteten sich vor Ulla. Sie hielten sie für eine böse Hexe oder so etwas. Aber dann erinnerte Toni sie daran, dass sie doch schließlich im letzten Winter Onkel Gregor geholfen hatte. Und weil es den Hasen inzwischen so schlecht ging, dass ihnen ohnehin alles egal war, schickten sie Toni los, um Hilfe zu holen.

Der klopfte also an einem windigen Märznachmittag bei Gregor Kaninchen und erzählte ihm von dem Unglück, das seine Familie getroffen habe. „Da müssen wir gleich zu Ulla gehen. Die ist die einzige, die helfen kann", sagte Gregor und stand unverzüglich aus seinem Lehnstuhl auf. Als die beiden sich der Unkenhöhle näherten, wurde es Toni doch etwas mulmig. Aber er biss seine Hasenzähne zusammen und ließ sich nichts davon anmerken. Nun waren sie da. Gregor klopfte, und von drinnen hörte man eine etwas quäkende Stimme: „Komm nur herein. Die Tür ist offen."

Da staunte Toni nicht schlecht, als er die Kräuterküche der Unke sah: Auf einem Regal standen reihenweise Glasflaschen mit einer dunklen Flüssigkeit. In einem riesigen Kessel brodelte und dampfte es über einem offenen Feuer. Ulla stand da, rührte kräftig um und sagte dazu:

*Gribis, grabis, Krötenbein,
unk, unk, unk,
Estragon und roter Wein,
unk, unk, unk,
dreimal rühren, Deckel drauf,
unk, unk, unk,
dieser Trank weckt Tote auf,
unk, unk, unk.*

Jetzt erst begrüßte sie ihre Gäste. Als Toni ihr von dem Hasenschnupfen erzählt hatte, nahm sie drei Flaschen aus ihrem Regal, gab sie ihm und sagte: „Nehmt alle davon dreimal täglich einen Teelöffel voll. In fünf Tagen ist der Schnupfen leichter, und in zwei Wochen sind alle wieder gesund. Und außerdem", setzte sie hinzu, „werde ich euch noch eine Spezialmedizin brauen, die kann Gregor am Sonntag bei euch vorbeibringen."

Zu Hause wurde Toni schon sehnsüchtig erwartet. Wie freuten sich die Hasen, als er mit der Medizin zurückkam! Sie nahmen gleich alle etwas davon, und nach einer Stunde fühlten sie sich schon ein kleines bisschen besser. Zwei Tage später konnten sie sogar schon wieder aufstehen, wenn sie auch noch etwas wacklig auf den Beinen waren. Am Sonntag kam Gregor zu Besuch und brachte Ullas Spezialmedizin. Er staunte nicht schlecht, als er sah, wie gut es den Hasen schon ging. Es dauerte gar keine zwei Wochen, sondern nur zehn Tage, bis auch der letzte Hase wieder putzmunter war.

Nun sind sie nicht mehr so dumm, vor der Unke Angst zu haben, nur weil sie so klug ist. Nein, sie fragen sie oft um Rat in allen möglichen Angelegenheiten. Und weil Feldhasen sehr geschwätzig sind, wissen inzwischen auch die meisten anderen Tiere, wie klug und hilfsbereit Ulla ist. Deshalb geht es in der Unkenhöhle jetzt immer zu wie im Taubenschlag. Ulla aber findet das toll und freut sich über ihre vielen Besucher.

Ein Krötenspruch

Gribis grabis Kötenbein
unk unk unk

Estragon und roter Wein
unk unk unk

dreimal rühren, Deckel drauf
unk unk unk

dieser Trank weckt Tote auf
unk unk unk

Zeile 1 und 3: Über einem imaginären Topf mit ausgestreckten Händen magische, kreisförmige Handbewegungen ausführen.
Zeile 2, 4, 6 und 8: Zu jedem „unk" eine magische Handbewegung vom Körper weg, beim Wegstrecken der Hände Finger spreizen, beim Zurücknehmen der Hände an der Körper lockere Fäuste machen.
Zeile 5 und 7: Mit der rechten Hand in dem imaginären Topf rühren.

U u

Unke Ulla

Lautgeste U

Beide Arme werden seitlich ausgestreckt und die Unterarme senkrecht nach oben gehalten. Sie bilden die „Schüssel" des U.

Das schmeckt gut mit U

Ungarische Brote

Die sind eine Erfindung von mir, geboren aus der Not, weil ich nichts mit „U" fand. So werden sie hergestellt: Bei unserem Bäcker bestelle ich längliche Vollkorn-Partysemmeln. Die werden halbiert. Wenn du nur „normale" Durchschnittsbackwaren verfügbar hast, kannst du Schrippen nehmen, die sind auch länglich. Die Kinder streichen Butter auf die Semmelhälften und legen dann in der Mitte quer über die gebutterte Semmelhälfte einen Papierstreifen, der ca. ein Drittel der Höhe bedeckt (siehe Skizze). Du kannst die Streifen aufzeichnen und dann von den Kindern ausschneiden lassen.
Auf ein gebuttertes Semmeldrittel wird nun süßer Paprika gestreut, auf das andere Ende kommen Schnittlauchröllchen.
Nun wird der Papierstreifen abgezogen und – voilà: Du hast die ungarische Flagge!

Das riecht gut mit U

Das ist schwierig. Ich habe bis jetzt noch nichts wirklich Geeignetes gefunden. Du könntest es mit Usambaraveilchen versuchen, aber so richtig riechen die auch nicht.

Diese „ungarischen Brote" sind bei den Kindern immer ein großer Erfolg. Wir haben im Vorfeld schon die ungarische Flagge betrachtet, dann auch die bayrische und allgemein über die Bedeutung von Flaggen gesprochen.

Skizze zum Herstellen der ungarischen Brote

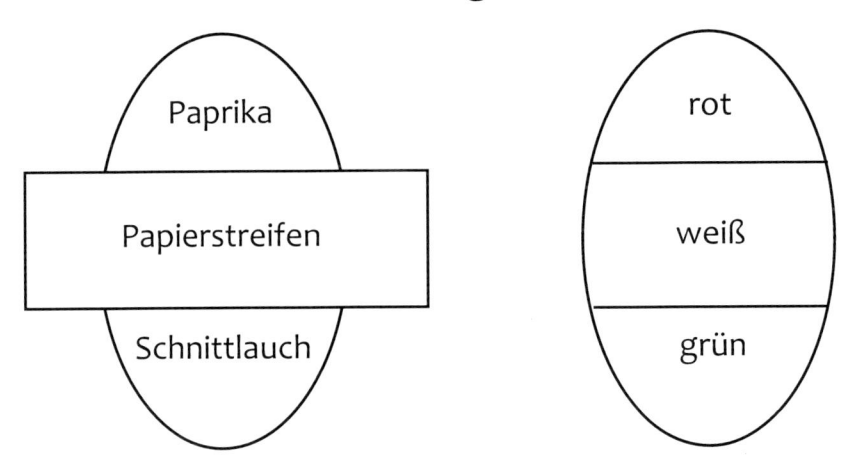

- Paprika
- Papierstreifen
- Schnittlauch

- rot
- weiß
- grün

Wortkarten

- Ulla
- Angst
- haben
- vor
- Ulrike

Weitere Übungen mit den Wortkarten

Die Kinder haben mittlerweile einen ganzen Stapel Wortkarten. Wenn du alle von mir vorgeschlagenen Wörter genommen hast, sind es jetzt 57:

30 Substantive, 13 Verben (und Modalverben), 4 Adjektive, 10 sonstige

Mit diesen Karten kannst du viele anspruchsvolle Sätze legen. Du kannst sie auch für andere Übungen benutzen und die Auswahl etwas begrenzen, damit es nicht zu unübersichtlich wird.

Bingo mit Kartenauswahl

Ein 5x5-Wörter-Bingo nur mit den Substantiven (bei mir: rote Karten) oder mit Verben und Adjektiven oder mit Verben und sonstigen Wörtern usw.

Buchstaben suchen

Alle Substantive suchen, in denen ein Aa vorkommt (oder ein Oo oder ein Ee usw.) und dann mit einigen von diesen Karten einen Satz legen. Die anderen Wortkarten (bei mir grüne für die Verben, gelbe für die Adjektive und lilafarbene für sonstige) stehen uneingeschränkt zur Verfügung.

Jagd nach „echten" Lesewörtern

Alle Wörter suchen, die inzwischen echt gelesen werden können und drei (oder fünf oder sieben) ins Schwungheft oder ins Blankoheft schreiben.

Auch die Lesefibel kann hier herangezogen werden!

Memory mit Kartenauswahl

Z.B. mit grünen und gelben Karten (Verben und Adjektive), das sind 17, also insgesamt 34, weil ja die Kartensätze von zwei Kindern dafür nötig sind;

oder mit gelben und lilafarbenen (Adjektive und sonstige), das sind 14, also insgesamt 28;

oder nur mit den grünen (Verben), das sind 13, also insgesamt 26.

Karten ziehen – Sätze bilden

Von einem Kärtchenstapel wird eine Karte gezogen und mit dem betreffenden Wort ein Satz gebildet. Das geht als Tandem, in der Gruppe, aber auch mit der ganzen Klasse. So ein Satz kann an die Tafel geschrieben werden, man kann bereits gelernte Buchstaben suchen und es können im Satz vorkommende Wörter abgebaut werden.

Blitzlesen für zwei Kinder: einen Quizmaster und einen Spieler

Der Quizmaster zeigt Wortkarten, der Spieler muss das Wort nennen. Nach einer Minute ist Schluss. Ziel ist es, möglichst viele Kartenwörter richtig zu nennen.

Am nächsten Tag werden die Rollen vertauscht, und der Quizmaster von gestern ist jetzt der Spieler.

Tipp: Die Lehrerin gibt Start- und Stoppsignal. Es gibt mehrere Tandems, die gleichzeitig spielen und es gibt zu jedem Tandem mindestens einen Schiedsrichter, der schaut, dass alles richtig ist.

Der Quizmaster hat vor der Spielrunde Zeit, die Wortkarten durchzuschauen, die er anbieten will und sich die Wörter einzuprägen, damit das Spiel reibungslos ablaufen kann. Auch der Spieler kann sich in dieser Zeit vorbereiten und seinen Kärtchenstapel noch einmal durchsehen.

Der Nutzen dieses Spiels ist mehrfach: Quizmaster, Spieler und Schiedsrichter beschäftigen sich intensiv mit den Kartenwörtern. Das Blitzlesen ist ein erster Schritt hin zum lexikalischen Lesen. Gute Leser entziffern ja nicht jedes einzelne Wort buchstabenweise, sondern greifen bei den bekannten Wörtern zurück auf ihr inneres Wörterlexikon[19], in dem zahlreiche Wortbilder gespeichert sind. Diesen Weg des Lesens können viele Menschen, die auf der Stufe des Buchstabierens und Entzifferns steckengeblieben sind, niemals beschreiten. Auch bei uns gibt es, wie bereits erwähnt, viele funktionelle Analphabeten – ca. 9,5 Millionen der über 18-Jährigen[20] – die alle einmal einen Leselehrgang in der Schule durchlaufen haben, aber nie den Weg zum sicheren, leichten und geläufigen Lesen finden konnten.

---

19 Stanislas Dehaene, Lesen, München, 2012, S. 50–56
20 https://www.bundesregierung.de/breg-de/service/newsletter-und-abos/rundbrief-ausbildung/analphabetismus-ein-unterschaetztes-und-tabuisiertes-problem-in-deutschland-351602, zuletzt aufgerufen am 8.8.2022

Fredi Frosch

Sabine und Markus haben einen Laubfrosch. Er ist richtig schön grün. Sein Name ist Fredi. Fredi wohnt in einem großen Einweckglas im Kinderzimmer. Denkst du, es ist ihm da langweilig? Nein! Er hat in seinem Glas eine Leiter, auf der er rauf und runter klettern kann. Wenn das Wetter schön wird, sitzt er am liebsten ganz oben auf der Leiter. Wird es aber schlecht, dann kriecht er ganz nach unten. Am Nachmittag sitzen die Kinder in ihrem Zimmer und machen Hausaufgaben. Das interessiert Fredi, da passt er immer genau auf, was sie reden.

Am liebsten mag er es aber, wenn abends vor dem Einschlafen die Mutter kommt und den Kindern ein Märchen vorliest. Da ist auch oft von Fröschen die Rede, die in Wirklichkeit verzauberte Prinzen sind. Und einmal heißt es sogar, durch einen Kuss würde aus einem Frosch ein Prinz! Als Fredi dann auch noch zufällig einen Blick auf das Bild im Märchenbuch werfen kann und sieht, dass der Froschprinz grün ist – grün, wie es eben nur die Laubfrösche sind –, da ist für ihn die Sache klar: Er ist eigentlich gar kein Frosch, sondern ein verzauberter Prinz. Aber er müsste durch einen Kuss erlöst werden! Wie soll er das nur den Kindern klarmachen?

Am nächsten Abend ruft er beim Vorlesen immer: „Quak, quak, quak!" Das soll so viel heißen wie: „Küsst mich, denn ich bin ein Prinz!" Die Kinder aber verstehen ihn nicht und sagen nur ungeduldig: „Ach, Fredi, sei doch still! Wir verstehen ja kein Wort!"

Deshalb sitzt Fredi jetzt immer noch in seinem Einweckglas und träumt davon, endlich erlöst zu werden.

Fredi Frosch

Fredi klettert frisch und munter
auf der Leiter rauf und runter.

Schönes Wetter will er loben,
darum steigt er ganz nach oben!

Doch wenn er nach unten kriecht,
wird es schlecht: Das mag er nicht!

Zeile 1 und 2: Arme rhythmisch auf und ab bewegen.
Zeile 3 und 4: Arme nach oben strecken.
Zeile 5: Arme wieder nach unten bewegen.
Zeile 6: Zu den letzten vier Wörtern rhythmisch klatschen.

Ff

Fredi Frosch

Lautgeste F

Ansicht von hinten: Beide Arme werden nach rechts waagrecht weggestreckt.

Die Idee ist: Der Körper bildet den senkrechten Strich des F, die beiden Arme stellen die beiden waagrechten Striche dar. Wenn die Kinder auf einem Bein stehen, ist das innere Bild noch deutlicher.

Das schmeckt gut mit F

Fischstäbchen, Feigen, Fenchel, Fruchtjoghurt, Falafel

Die Auswahl ist groß und es kommt ganz auf deine Klasse an, wofür du dich entscheidest. Ich hatte schon Mütter, die für alle Kinder Fischstäbchen gebraten und in einer Isoliertasche in die Schule gebracht haben.

Das riecht gut mit F

Fichtennadelöl

Rezept für Fruchtjoghurt:

Für jedes Kind einen Naturjoghurt kaufen, der in eine kleine Kompottschüssel kommt. (Bei Ikea gibt es übrigens kleine Schüsselchen sehr billig, kann man immer wieder brauchen.) Kinder können Bananen in feine Scheiben schneiden. Tiefgekühltes Beerenobst auftauen, eventuell mit dem Pürierstab ein wenig zerkleinern, Fruchtstücke sollen noch vorhanden sein. Stelle an jede Sitzgruppe ein Schüsselchen mit dem Beerenpüree (du kannst natürlich auch Mangos, Pfirsiche u.ä. nehmen), aus dem die Kinder sich bedienen können.

Jedes Kind darf in sein Joghurtschüsselchen einen Löffel Fruchtpüree und einige Bananenscheiben mischen und zum Süßen eventuell etwas Birnendicksaft oder Ahornsirup nehmen. Honig ist unpraktisch, da schwierig zu applizieren.

Im Zuge der Erziehung zu gesunder Ernährung ist es sinnvoll, einen fertigen Fruchtjoghurt aus dem Supermarkt als Demo-Objekt mitzubringen, neben den du die 10 Zuckerstückchen legst, die in einem konventionellen Joghurt üblicherweise verarbeitet sind. Das macht mehr Eindruck als alle schlauen Arbeitsblätter, zumal die Kinder an ihrem selbst gemachten Fruchtjoghurt sehen, dass der auch ohne „Zuckerbombe" süß schmeckt.

Wortkarten

| Frosch |

| Prinz |

Eine Anmerkung zu den Wortkarten

Wenn du die vorgeschlagene Buchstabenfolge übernommen hast, dann ist das F der 15. Buchstabe. Inzwischen können die Kinder schon sehr vieles echt erlesen und die Kärtchen sind vielleicht nicht mehr nötig. Das musst du im Hinblick auf deine Klasse selbst entscheiden.

Buchstabenkekse

Das wöchentliche Buchstabenessen stellt eine große Attraktion des Leselehrgangs dar. Dabei geht es allerdings immer nur um den jeweils aktuellen Buchstaben.

Beim Backen der Buchstabenkekse kommen alle bereits gelernten Buchstaben auf einmal zum Einsatz. Wie bei den Leselisten gibt es auch hier einen Überblick über den bereits erworbenen Buchstabenschatz.

Ein guter Zeitpunkt für das Keksebacken ist dann, wenn bereits acht bis zehn Buchstaben zur Verfügung stehen. Das ist irgendwann vor Weihnachten.

Wenn du Lust hast, kannst du die Aktion noch einmal im zweiten Trimester wiederholen, aber gerade dieses erste Buchstabenbacken ist mit seiner unterschwelligen Botschaft eine wichtige Sache:

Wir haben Buchstaben zum Fressen gern und wollen sie uns – im übertragenen wie im wörtlichen Sinn – „buchstäblich" einverleiben.

Die Organisation

Für jeweils vier Kinder benötigst du eine Teigmenge (Rezept weiter unten) und zwei Backbleche. Wenn deine Klasse 24 Schüler hat, brauchst du 6 Helfer, das sind zwar meistens die Mütter. Ich hatte aber auch öfter schon Väter in der Helfergruppe.

Und bevor du jetzt im Geist gleich alle Schwierigkeiten aufzählst, die einem derartigen Unternehmen im Weg stehen könnten, lass dir von einer altgedienten Lehrerin etwas sagen:

Geht nicht gibt's nicht!

Seit meinen Referendartagen höre ich von Kolleginnen – fast schon wie ein Ostinato in der Musik – : „Bei MIR würde das auf keinen Fall gehen, MEINE Klasse ist da viel zu unruhig, MEINE Eltern würden ja GAR NIE helfen usw."

Nun hast du dich ja bereits zur Lektüre dieses Buches entschlossen und da gehe ich davon aus, dass du zumindest offen bist für Dinge, die vielleicht nicht so ganz in das Raster des „normalen" Unterrichts passen. Und natürlich wird es auch Klassen geben, in denen das Organisieren elterlicher Hilfe schwieriger ist und andere Klassen, in denen das leichter geht. Aber selbst, wenn du keine Hilfe hast, kannst du das Keksebacken durchführen. Du könntest dann das Vorhaben splitten, jeweils nur eine Gruppe pro Tag backen lassen und die Bleche bei dir zu Hause in den Ofen schieben.

Wenn du von einer Sache überzeugt bist, findest du auch Mittel und Wege, sie umzusetzen, das habe ich ein Lehrerleben lang erfahren. Vielleicht musst du dann Abstriche machen – wie z.B. beim Splitten der Back-Aktion -, aber es wird nur sehr wenig geben, auf das du total verzichten musst.

Das ist ja gerade das Tolle am Lehrerberuf: Du hast die Sicherheit des Beamten und die Freiheit des Künstlers!

Eine phantastische Kombination, für die ich immer dankbar war.

Die konkrete Durchführung

Nehmen wir also an, du hast Helfer, für jeweils vier Kinder einen. Deine Helfer bereiten den Teig für ihre Gruppe vor und bringen ihn am Backtag in einer Kühltasche in die Schule, zusammen mit den zwei Backblechen. Die Bleche sind mit Backpapier belegt. Du ziehst auf jedem Backpapier einen Mittelstrich und schreibst auf die beiden Hälften die Namen der Kinder, die dieses Blech bestücken dürfen. So hat jedes Kind den ihm zugewiesenen Platz.

Du bringst in die Schule Mehl, ein Schneidebrett und ein Messer mit. Auf dem Schneidebrett zerteilst du jede Teigmenge in vier Teile, für jedes Kind einen.

Die Kinder haben ihre Bänke leergeräumt. Auf jeden Platz gibst du ein kleines Häufchen Mehl. Die Kinder können nun von ihrem Teigklumpen ein Stück abzupfen oder mit einem mitgebrachten Tafelmesser abschneiden. Sie rollen Würstchen aus dem Teig und formen – genau wie bei der Arbeit mit Knete – Buchstaben. Gut wäre es, wenn jede Zweiergruppe alle bisher gelernten Buchstaben auf ihrem Backblech hätte. Ich schlage den Kindern zwar vor, erst einmal Großbuchstaben zu formen. Aber grundsätzlich lasse ich ihnen die Freiheit, die Buchstaben nach ihrem persönlichen Geschmack auszusuchen. Diese Freiheit halte ich für wichtig, um den Kindern die Freude am kreativen Prozess nicht zu verderben.

Jedes Kind legt seine Teigbuchstaben auf die ihm zugewiesene Blechhälfte. Die Mütter holen zu einer vereinbarten Zeit die Backbleche ab und backen die Kekse zu Hause. Du gibst jeder Helferin vier Pergamenttüten[21] mit, die mit den Namen der Kinder beschriftet sind. Nach dem Auskühlen werden die Kekse in die passenden Tüten gefüllt, sodass jedes Kind seine eigenen Kekse wieder zurückbekommt.

---

21 Butterbrottüten aus Pergament gibt es in jedem Supermarkt

Das Saubermachen nach dieser Aktion ist ziemlich einfach:

Die Mehlreste werden mit Handbesen und Schaufel von den Bänken gefegt, mit einem feuchten Tuch wird nachgewischt. Danach spielen wir „Hochwasser": Alle Kinder setzen sich mit ihrem Stuhl auf ihre Bank und zwei Helfer fegen mit dem großen Besen den Boden. Schon ist das Klassenzimmer wieder sauber.

Mittags oder am nächsten Morgen landen die fertigen Kekse dann wieder bei dir in der Schule.

Nun könnt ihr auf Tonpapier oder auf bunten Tüchern die Kekse im Klassenzimmer ausstellen.

Die Kinder betrachten die Buchstaben, vergleichen die verschiedenen Ausführungen und freuen sich darüber, dass auch ihre Kekse in der Ausstellung liegen. Am nächsten oder übernächsten Tag essen wir die Kekse auf, es kommt also wirklich zur „Einverleibung" der Buchstaben. Die Kinder haben eine Tasse dabei, denn wir trinken Kräuter- oder Früchtetee dazu, den wir entweder im Klassenzimmer selbst gekocht oder in Thermoskannen von einigen Müttern bekommen haben.

Das Rezept

Das ist das „ultimative" Rezept zum Buchstabenbacken. Der Teig lässt sich formen wie Plastilin, weil er relativ fettarm ist. Das hat zur Folge, dass die Kekse nach einigen Tagen an der Luft hart werden. Sie schmecken wirklich gut, sollten aber nach der Ausstellung zeitnah verzehrt werden. Wenn du aus Mangel an Helfern zeitversetzt backen musst, kannst du die bereits fertigen Kekse ja bis zur großen Buchstabenausstellung in Blechdosen aufbewahren.

Das ist der Teig:

125 g Butter, 250 g Zucker, 750 g Mehl, 4 Eier, 2 Päckchen Vanillezucker, 1 Päckchen Backpulver; alles gut zusammenkneten und bei 190 Grad goldgelb backen.

Ä und Ö: Eine Erweiterung des Repertoires

Das ist der didaktische Ort, an dem in meiner Buchstabenfolge diese beiden Umlaute eingeführt werden. Das geht ganz unspektakulär zunächst über die Pluralbildung von Wörtern, die entweder mit A oder O beginnen oder diese beiden Buchstaben enthalten und die wir bereits echt erlesen können, dann über Wörter, bei denen das ä oder ö durch die Ableitung aus einer Stammform entstehen und schließlich über Wörter, die einfach „nur so" ä oder ö enthalten.

Einzahl A/a – Mehrzahl Ä/ä	Einzahl O/o – Mehrzahl Ö/ö
Ast – Äste Kamm – Kämme Tal – Täler Gras – Gräser Schwan – Schwäne Apfel – Äpfel Rad – Räder Hand – Hände Land – Länder Gans – Gänse Mann – Männer	Ofen – Öfen Korb – Körbe Rock – Röcke Stock – Stöcke Loch – Löcher Ton – Töne Sohn – Söhne Dorf – Dörfer Frosch – Frösche Kopf – Köpfe Ross – Rösser
Ableitungen a – ä	**Ableitungen o – ö**
warm – wärmer – Wärme kalt – kälter – Kälte fahren – fährt Kampf – kämpfen halten – hält stark – stärker – Stärke Kraft – kräftig	Not – nötig stoßen – stößt loben – löblich Hof – höflich Krone – krönen Ton – tönen Wolke – bewölkt
Sonstige Ä/ä-Wörter	**Sonstige Ö/ö-Wörter**
Käfig Märchen Käse Kapitän Träne Käfer Säge Träne	Löwe Löffel zwölf schön zögern Möwe Flöte Öl

Die goldene Gans

Ein Bauer hatte drei Söhne; davon waren zwei genauso, wie es der Bauer gernhatte: arbeitsam, geizig und hart. Der jüngste aber hatte ein gutes Herz, war freundlich zu Menschen und Tieren und wurde deshalb von den anderen nur verlacht und verspottet und „Dummling" genannt.

Eines Tages sollte der älteste Sohn in den Wald gehen, um Holz zu hauen. Die Mutter gab ihm einen Korb voll Essen mit, damit er nur ja keinen Hunger leide. Darin waren ein feiner Eierkuchen und eine Flasche Wein. Als er in den Wald kam, saß da auf einem Baumstumpf ein altes, graues Männlein und bat: „Gib mir doch etwas zu essen und zu trinken, ich bin so hungrig und durstig!" Der Sohn aber antwortete: „Ja freilich! Da müsste ich schön dumm sein! Wenn ich alle Taugenichtse und Bettler füttern wollte, dann hätte ich bald selber nichts mehr!"

Dann ging er stolz weiter zu einem Baum, den er umhauen wollte. Kaum aber hatte er seine Axt genommen und einmal tüchtig ausgeholt, so hieb er sich schon in den Arm, dass das Blut nur so herausspritzte, und lief schreiend heim.

Wer aber hat gemacht, dass er sich in den Arm hackte? Weißt du es? Ja, richtig, das war die Strafe für seine Hartherzigkeit dem grauen Männchen gegenüber.

Als nächster wurde nun der zweite Sohn in den Wald geschickt. Auch er bekam einen Korb mit dem feinsten Essen mit. Auch er traf das graue Männchen, und auch er war zu geizig, um etwas von seinem Essen abzugeben. Deshalb erging es ihm auch nicht besser als seinem Bruder: Kaum hatte er mit der Axt ausgeholt, so hackte er sich auch schon in das Bein, dass er gleich nach Hause humpelte.

Du kannst es dir schon denken: Auch das war von dem grauen Männchen gekommen.

Da sagte der Dummling: „Vater, lass mich doch in den Wald gehen und Holz hauen!" Der Vater sagte: „Wenn das schon deine Brüder nicht können, die doch viel klüger sind als du, wie willst denn dann du, der Dummling, das machen!"

Weil er aber nicht aufhörte zu bitten und zu betteln, gab der Vater schließlich nach. Die Mutter, die den Dummling längst nicht so liebhatte wie die anderen beiden, gab ihm zwar auch einen Korb mit Essen. Darin waren aber nur in der Asche gebackenes trockenes Brot und eine Flasche saures Bier.

Als der Dummling nun in den Wald kam, saß da wieder auf einem Baumstumpf das alte, graue Männchen und bettelte: „Gib mir doch etwas zu essen und zu trinken! Ich bin so hungrig und durstig!" – „Ja, freilich", sagte der Dummling, „wenn dir mein Essen nicht zu schlecht ist, so will ich gerne mit dir teilen. Ich habe aber nur trockenes, in der Asche gebackenes Brot und eine Flasche saures Bier."

Damit setzte er sich neben das Männchen und packte aus. Wie staunte er aber, als er aus seinem Korb einen duftenden Eierkuchen und eine Flasche vom allerbesten Wein zog!

Du weißt natürlich Bescheid: Auch das hatte das graue Männchen gemacht.

Nun saßen sie einträchtig beisammen und aßen und tranken. Als sie fertig waren, sagte das Männchen zum Dummling: „Du bist nicht so hartherzig wie deine Brüder. Und weil du mit mir dein Essen geteilt hast, will auch ich dir etwas Gutes tun: Dort drüben steht ein alter Baum. Den hacke um, dann wirst du in seinen Wurzeln etwas finden!"' Damit ging es.

Der Dummling aber tat genauso, wie das Männchen gesagt hatte. Er hackte den alten Baum um und fand in seinen Wurzeln eine Gans, die hatte Federn aus purem Gold.

Er nahm die Gans unter den Arm und ging in die nächste Stadt. Dort wollte er in einem Wirtshaus übernachten. Der Wirt aber hatte drei Töchter, und als die sahen, dass die Gans goldene Federn hatte, hätten sie zu gerne eine davon gehabt. Kaum war der Dummling einmal hinausgegangen, da schlich sich auch schon die älteste Tochter hin und fasste eine Feder an, um sie auszurupfen. Aber sie blieb an der Gans hängen und konnte nicht mehr fort. Da kam die zweite Tochter und wollte auch eine Feder. Sie blieb an ihrer Schwester hängen. Die dritte Tochter kam nun auch noch dazu, und ihr erging es nicht besser als den beiden anderen: Sie blieb als dritte hängen. Das kümmerte jedoch den Dummling gar nicht. Er nahm am anderen Tag seine Gans unter den Arm und ging fort, hinter sich die schreienden und schimpfenden Mädchen, die immer noch nicht von der Gans wegkonnten.

Der Pfarrer begegnete ihnen und wollte die Mädchen von dem Burschen wegziehen, doch auch er blieb hängen. Danach kamen noch der Mesner und zwei Bauern, sodass schließlich sieben Leute hinter dem Dummling mit seiner Gans einher spazierten.

Nun kamen sie in eine Stadt, über die regierte ein König, der eine Tochter hatte, die niemals lachte. Deshalb hatte der König im ganzen Reich verkünden lassen: Wer seine Tochter zum Lachen bringe, der solle sie heiraten. Als der Dummling das hörte, dachte er sich: „Nichts leichter als das!" und ließ sich beim König melden. Und wirklich – kaum hatte die Prinzessin die sieben Leute gesehen, die immer hintereinander herlaufen mussten, da fing sie an zu lachen. Sie lachte und lachte und wollte sich gar nicht mehr beruhigen.

Jetzt hätte der Dummling eigentlich die Königstochter zur Frau bekommen sollen. Dem König aber passte dieser Schwiegersohn gar nicht. Er war ihm nicht gut genug. Deshalb überlegte er, wie er ihn übertölpeln könnte. Er sagte: „So einfach geht es nicht, die Königstochter zu heiraten! Da musst du mir erst noch einen Mann bringen, der einen Keller voll Wein austrinken kann."

Der Dummling dachte gleich an das graue Männchen und ging in den Wald. Da saß auf dem gleichen Baumstumpf, auf dem er beim ersten Mal das Männchen gesehen hatte, ein Mann, der über großen Durst klagte. Der Dummling nahm ihn gleich mit und führte ihn in den königlichen Weinkeller. Dort trank der Mann alle Fässer aus.

Der König wollte sich aber immer noch um sein Versprechen drücken und verlangte jetzt, der Dummling solle einen Mann bringen, der einen Berg Brot aufessen könne. Dem war überhaupt nicht bange vor dieser Aufgabe. Er marschierte schnurstracks wieder in den Wald und fand auch wirklich auf dem Baumstumpf einen Mann, der über fürchterlichen Hunger klagte. Den nahm er gleich mit. Der König hatte inzwischen alles Mehl aus dem Königreich zusammenbringen und einen riesigen Berg Brot davon backen lassen. Doch es dauerte nicht länger als einen Tag, da hatte der Mann den ganzen Berg vertilgt.

Nun verlangte der Dummling zum dritten Mal seine Braut. Aber der König ärgerte sich schrecklich und dachte: „Einen Kerl, den jeder nur Dummling nennt, will ich doch nicht als Schwiegersohn haben." Er sagte: „Ich will dir noch eine letzte Aufgabe stellen. Wenn du die erfüllt hast, dann wollen wir gleich die Hochzeit vorbereiten. Bring mir ein Schiff, das zu Lande und zu Wasser fahren kann!" Bei sich dachte er: Den bin ich los! Das schafft er nie!" Er wusste ja nichts von dem grauen Männchen.

Als der Dummling dieses Mal in den Wald kam, saß es schon auf dem Baumstumpf und sagte: „Ich war der Mann, der für dich getrunken hat, und ich habe auch für dich den Berg Brot aufgegessen. Nun sollst du auch noch das Schiff bekommen, das zu Lande und zu Wasser fährt. Hier ist es."

Als der Dummling damit am Königshof vorgefahren kam, konnte der König nicht mehr nein sagen und gab ihm schließlich seine Tochter zur Frau. Sie feierten vergnügt Hochzeit, und nach dem Tod des alten Königs wurde der Dummling König. Da hieß er aber nicht mehr Dummling, sondern König Hans, und er herrschte lange Zeit freundlich, weise und gerecht über sein Volk.

Das Lied von der goldenen Gans

Das Märchen von der gold'nen Gans
und von dem schlauen Burschen Hans
das nimmt ein gutes Ende,
drum klatschen froh wir in die Hände.

Es nimmt ein gutes Ende
wir klatschen in die Hände.

Es nimmt ein gutes Ende
wir klatschen in die Hand.

Zeile 1: Die Gans pantomimisch unter den Arm klemmen, in den beiden Viertelpausen stampfen oder mit der flachen Hand auf die Bank schlagen
Zeile 2: An die Stirn tippen, in den beiden Viertelpausen stampfen oder mit der flachen Hand auf die Bank schlagen
Zeilen 6 und 8: Rhythmisch klatschen

Gg

Die goldene Gans

Lautgeste G

Ansicht von hinten: Der rechte Arm wird in die Hüfte gestützt, der linke Arm wird bogenförmig über den Kopf gehoben.

Das schmeckt gut mit G

Gurkensandwich, Gemüserohkost

Für Gurkensandwich halbierte Vollkornsemmeln mit Butter oder Frischkäse bestreichen, mit Gurkenscheiben belegen.
Für Gemüserohkost: Kinder schneiden Karotten, Gurken und Stangensellerie in lange Streifen. Aus Quark, Milch, Salz, Pfeffer, Zucker und verschiedenen Kräutern (Petersilie, Dill, Schnittlauch, Kerbel, Kresse usw.) einen Dip anrühren. Dazu kleine Vollkornsemmeln reichen.

Das riecht gut mit G

Geraniumöl, Grapefruitöll

Wortkarten

Gans	Gold
geht	Hans

Die hopsende Hilda

Auf den ersten Blick siehst du an Hilda gar nichts Besonderes. Sie schaut eigentlich aus wie die meisten kleinen Mädchen. Wenn du aber erst einmal eine Zeitlang mit ihr beisammen bist, dann merkst du schon, was los ist. Hilda kann sich gar nicht stillhalten. Sie hopst die ganze Zeit auf und ab, hin und her. Wenn du ihr dabei nachschaust, wirst du richtig seekrank. Am schlimmsten ist es, wenn sie nachdenkt. Bei der Hausaufgabe zum Beispiel, da hüpft sie im Zimmer herum, schlägt Purzelbäume, springt über Stühle. Zwischendrin setzt sie sich dann hin und schreibt auf, was ihr beim Hopsen eingefallen ist. Und das Seltsame daran ist: Sie hat immer alles richtig.

Hildas Papa allerdings geht das Gehopse ordentlich auf die Nerven. Eines Tages, als sie wieder einmal besonders fest nachdenkt – ich glaube, es geht um eine schwierige Rechenaufgabe –, wird es dem Papa zu dumm. Er sagt: „Du setzt dich jetzt an den Tisch, und dort bleibst du sitzen, bis du mit deinen Hausaufgaben fertig bist!"

Doch nach einer Stunde sitzt Hilda immer noch am Tisch. Im Heft stehen lauter falsche Ergebnisse. Sie wird und wird nicht fertig. Als sie dann auch noch zu heulen anfängt, denkt sich der Papa: „Vielleicht braucht sie das Gehopse wirklich, damit sie überlegen kann?" Er sagt: „Meinetwegen, hops weiter, aber geh dazu in dein Zimmer. Hier ist das ja nicht auszuhalten!"

Da hättest du sehen sollen, wie schnell Hilda ihre Sachen zusammengepackt hat und in ihrem Zimmer verschwunden ist! Nach einer Viertelstunde kommt sie strahlend zum Vorschein. Sie ist mit allen Hausaufgaben fertig!

Von da an darf sie beim Lernen herumhopsen, soviel sie will. Nur wenn der Papa zuhause ist, dann muss sie dazu auf ihr Zimmer gehen.

Hilda Hops

Hilda hopst von spät bis früh,
stille sitzen kann sie nie!

Wenn ihr mal die Mutter ruft,
kommt sie an: gleich durch die Luft!

Nur das Hopsen macht ihr Spaß,
nur beim Hopsen lernt sie was.

Sitzt sie in der Gegend rum,
ist sie plötzlich doof und dumm!

Zeile 1 und Zeile 2: Beide Hände in der Luft hin- und herbewegen.
Zeile 4: Mit der rechten Hand einen großen Bogen in der Luft beschreiben.
Zeile 5 und 6: Rhythmisch den Oberkörper mit angewinkelten Armen hin- und herdrehen.
Zeile 7: Arme verschränken.
Zeile 8: Bei „doof" mit dem rechten Zeigefinger an die Stirn tippen, bei „dumm" mit dem anderen.

Hh

Hilda Hops

Lautgeste H

Beide Arme waagerecht ausstrecken. Die eine Hand senkrecht nach oben, die andere senkrecht nach unten abbiegen. Das soll die beiden senkrechten Striche des H andeuten.

Das schmeckt gut mit H

Himbeeren mit Vanilleeis

Tiefkühlhimbeeren mit etwas Zucker auf der Kochplatte im Klassenzimmer erhitzen. Jedes Kind hat einen Suppenteller und einen Kaffeelöffel dabei. Jedes Kind bekommt einen Löffel Eis und einen Löffel Himbeeren.

Das riecht gut mit H

Hyazinthen

Wortkarten

Hilda

hopst

Das Ei ist weg

Dem Osterhasen fehlt ein Ei. Morgen ist Ostern. Wo kann er ein Ei finden? Auf der Straße steht dieses Schild:

▽

Der Hase denkt: Das ist ein Dreieck. Da steckt ein ei drin.
Das nehme ich mir. Er nimmt es.
O weh! Was bleibt von dem Dreieck noch übrig?

Die Lösung heißt: Dreck

Die Punkte unter Buchstaben oder Doppellauten bedeuten: Das haben wir noch nicht gelernt. Die Kinder können fragen. Die meisten aber wissen bereits, was diese Zeichen bedeuten.

Alle ei im Text sollen farbig umfahren werden.

Das Ei-Gedicht

Mein ei ist weg!
Mein ei ist weg!
Ich armes Dreieck bin nur Dreck!

Ach lieber Hase, bitte sehr,
gib mir mein ei doch wieder her!
Der Hase sagt: Hör auf zu schrei'n,
dein ei leg ich dir wieder rein.

Und eins – zwei – drei,
im Handumdreh'n,

steht da ein Dreieck, blank und schön!

Alle ei im Text werden farbig umfahren.

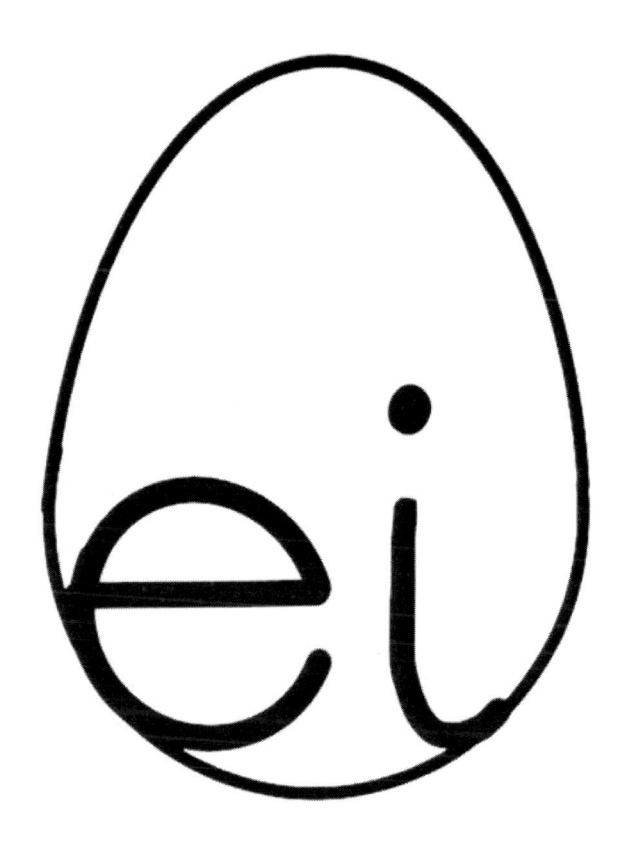

Das schmeckt gut mit Ei

Eiersandwich

Übung zur Unterscheidung von ei und ie:

Schreibe mit dem PC ein Blatt voller ei und ie, Schriftgröße 26 Punkt, fett gedruckt, mit deutlichem Abstand zwischen den einzelnen ei und ie.

Die Kinder malen um alle ei ein Osterei herum, so wie im Text oben.

Lora redet Unsinn

Der Dieb ist lieb.

Lora hat viel Geld.

Susi mag nie wieder spielen.

Das Sieb ist ein schöner Hut.

Dort ist ein Riese.

Deine Arbeit:
1. Suche alle Wörter mit ie. Male die ie bunt nach.
2. Schreibe alle Wörter mit ie ins Heft.
3. Male ein Bild von Lora.

Bruno Brezel, der längste Dackel der Welt

Herr Biermann ist immer alleine. Er hat keine Frau und keine Verwandten. Und obwohl er sehr nett ist, hat er auch keine Freunde. Herr Biermann ist nämlich schrecklich schüchtern. Jeden Abend, wenn er von der Arbeit nach Hause kommt, sitzt er alleine in seiner Wohnung. Da fühlt er sich dann richtig traurig.

Eines Tages hat er eine gute Idee. Er denkt sich: „Ich werde mir einen kleinen Hund kaufen. Dann bin ich nicht mehr so allein." Am nächsten Tag geht er gleich in das Zoogeschäft. Dort sieht er einen süßen kleinen Dackel, braun, mit glänzendem Fell, lustigen Schlappohren und klugen Augen. Er kauft ihn sofort und führt ihn an einer neuen roten Leine stolz nach Hause. Der Dackel bekommt den Namen Bruno.

Jeden Abend, wenn Herr Biermann nun von der Arbeit nach Hause kommt, wird er von Bruno stürmisch begrüßt. Dann essen die beiden – Herr Biermann am Tisch und Bruno neben dem Tisch. Danach machen sie einen langen Spaziergang, und schließlich gehen sie schlafen, Herr Biermann in seinem Bett und Bruno in seinem Hundekorb. So geht es eine ganze Zeit, und beide sind glücklich.

Doch dann beginnt Bruno zu wachsen:

Er wächst nicht in die Höhe – seine Dackelbeine bleiben so kurz, wie sie sind.

Er wächst nicht in die Breite.

Er wächst nur in die Länge.

Bald ist er zu lang für sein Hundekörbchen, und er findet nur noch Platz darin, wenn er sich wie eine Brezel einrollt. Deshalb nennt ihn Herr Biermann nur noch Brezel.

Wenn Brezel jetzt mit seinem Herrchen spazierengeht, bleiben die Leute auf der Straße stehen, schauen ihm nach, deuten auf ihn und lachen. Das ist Herrn Biermann schrecklich unangenehm, wo er doch so schüchtern ist. Und dabei wächst Brezel immer noch weiter. Als er – endlich, endlich! – zu wachsen aufhört, ist er so lang, dass er beim Überqueren der Straße mit den Vorderpfoten schon auf der anderen Seite ist und mit den Hinterpfoten immer noch auf der einen!

Nun macht Herrn Biermann das Spazierengehen überhaupt keinen Spaß mehr. Überall, wo er mit Brezel erscheint, gibt es geradezu einen

Menschenauflauf, weil alle den seltsamen Dackel sehen wollen. Eines Tages, als er gerade wieder trübsinnig durch die Stadt geht und über sein Pech nachdenkt, sieht er ein großes, buntes Plakat:

Zirkus Sensationelli ist in der Stadt.
Wir suchen neue Attraktionen
für unseren Zirkus!
Interessenten können sich jeden Vormittag
von 10 bis 12 Uhr
beim Direktor vorstellen.

Das wäre doch etwas! Er könnte mit Bruno zum Zirkus gehen! In einem Zirkus gibt es ja lauter Besonderheiten. Da würde Bruno gar nicht auffallen.

Gedacht, getan: Am nächsten Vormittag geht Herr Biermann mit seinem Dackel zum Zirkusdirektor. Der ist sofort ganz hingerissen von Brezel: „Das ist ja ein Schlangendackel, eine Dackelschlange!" ruft er ein übers andere Mal begeistert aus. „So etwas hat noch kein Zirkus auf der Welt! Lieber Herr Biermann: Wann können Sie bei uns anfangen? Wir üben mit Brezel eine tolle Nummer ein! Das wird die Sensation im Zirkus Sensationelli!"

Herr Biermann ist überglücklich. Er geht sofort nach Hause, packt seinen Koffer und ist bereits am Abend wieder im Zirkus. Dort kann er in einem Wohnwagen schlafen. Am nächsten Tag beginnt die Arbeit. Brezel und sein Herrchen müssen fleißig üben, aber nach einigen Wochen ist es geschafft: Herr Biermann und Brezel haben ihren ersten Auftritt. Sie sind beide prächtig herausgeputzt: Herr Biermann trägt einen lila Frack mit passendem Zylinder, und Brezel hat eine riesige lila Schleife um den Hals.

Brezel steht als lebende Brücke quer auf den Rücken von zwei Ponys: auf einem mit den Vorderpfoten, auf dem anderen mit den Hinterpfoten. Die Ponys traben im Kreis in der Manege herum, und auf Brezels Rücken zeigen zwei dressierte Kaninchen ihre Kunststücke und laufen auf ihm hin und her.

Das Publikum im Zirkus ist genauso begeistert, wie es der Direktor war, als er Brezel das erste Mal sah: Alle klatschen, trampeln, schreien „Bravo!" und „Zugabe!". Das ist der schönste Tag im Leben von Herrn Biermann. Und das Tollste daran ist: Er fühlt sich auf einmal überhaupt nicht mehr schüchtern!

Von nun an haben er und Brezel ein wunderbares Leben. Sie ziehen mit dem Zirkus durchs Land und fühlen sich pudelwohl oder besser gesagt: dackelwohl.

Bruno Brezel

Ja, was gibt's denn da zu seh'n?
Warum bleiben alle steh'n?
Schaut doch nur, die braune, lange,
glänzend glatte Riesenschlange!

Hat zwei Ohren, hat vier Beine!
Riesenschlange ist das keine!
Geht nun los mit viel Gewackel.
Donnerkeil! Das ist ein Dackel!

1. Strophe:
Zeile 1 und 2: Mit der Hand die Augen beschatten, umherschauen.
Zeile 3 und 4: Mit dem ausgestreckten Arm in einem Halbkreis herumdeuten.

2. Strophe:
Zeile 1: Mit den Händen zwei Ohren formen, Arme und Beine bewegen.
Zeile 2: Den Kopf schütteln.
Zeile 3: Arme und Beine bewegen, mit dem Po wackeln.
Zeile 4: Bei „Donnerkeil" aufstampfen, zu „Das ist ein Dackel!" rhythmisch klatschen.

B b

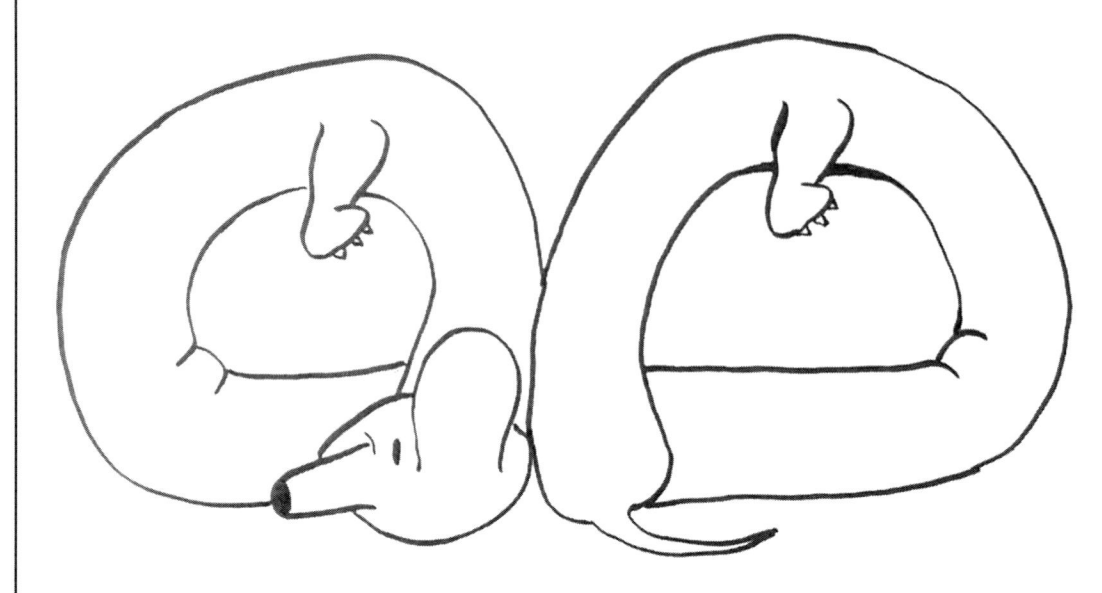

Bruno Brezel

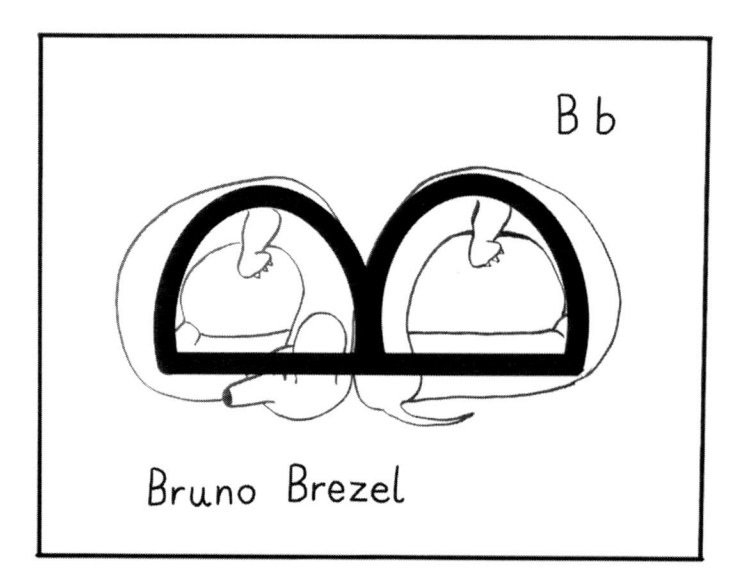

B b

Bruno Brezel

Lautgeste B

Die Arme werden vor der Brust „brezelförmig" verschränkt. Das passt zur B-Geschichte von Bruno Brezel und erinnert an die B-Form.

Das schmeckt gut mit B

Butterbrezen

Die Brezen können von Helferinnen zu Hause hergerichtet und in die Schule gebracht werden.
Variante: Die Kinder bringen Teller und Messer mit, bekommen Brezen und pro Sitzgruppe einen kleinen Teller mit Butter und streichen sich auf jeweils einen Bissen Breze etwas Butter auf.

Das riecht gut mit B

Basilikum (frisch)

Wenn die Blätter zwischen den Fingern zerrieben werden, entfaltet sich der Duft.
Die Blätter können auch gegessen werden.

Wortkarten

Brezel

Brücke

Cäsar, der Clown

Im Zirkus findet Herr Biermann viele Freunde. Zu ihnen gehört auch Cäsar, der Clown. Er ist ganz vernarrt in Brezel und bettelt bei Herrn Biermann so lange, bis er auch mit ihm eine Nummer einüben darf. Er bringt Brezel den Handstand und das Männchenmachen bei. Das sieht bei ihm natürlich toll aus, viel besser als bei gewöhnlichen Hunden.

Cäsar, der Clown

Cäsar ist ein Zirkus-Clown:
Es macht Spaß, ihn anzuschau'n!

Beim Aufsagen des Verses wie ein Clown Verrenkungen machen und hampeln.

Cc

Cäsar Clown

Lautgeste C

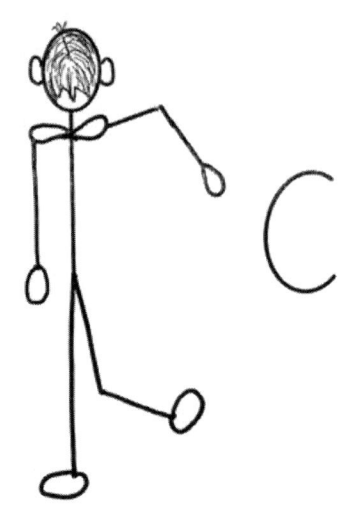

Ansicht von hinten: Auf dem linken Bein stehen, linker Arm hängt gerade herunter. Rechter Arm und rechtes Bein werden seitlich angewinkelt und bilden zusammen mit dem Rumpf den C-Bogen.

Das schmeckt gut mit C

Currywurst

Wiener Würstchen (oder Sojawürstchen) auf der Kochplatte heiß machen, auf einen mitgebrachten Teller einen Klecks Ketchup geben, darüber Curry streuen. Dazu gibt es kleine Vollkornsemmeln.

Das riecht gut mit C

Curry

Es gibt bim Gärtner auch Currykraut im Topf, das riecht sehr intensiv nach Curry.

Wortkarten

Clown

Cäsar

Eine bunte Gesellschaft: Ch, Sch, Ü

Mit diesen drei Lauten verfahre ich kurz und bündig. Ich präsentiere passende Wörter und suche dann gemeinsam mit den Kindern weitere Beispiele.

Das Ch ist mit seiner Doppelrolle als „Schnarcher", wie in *lachen, kochen, richtig, doch* und als „Knaller" wie in *Chemie, Chiemsee, Chamäleon* herausfordernd.

Eine weitere Komplikation entsteht durch die Verbindung „chs", die wie „ks" gesprochen wird. Das ch ist in dieser Lautverbindung ein Knaller, was aber durch das Verschmelzen mit s nicht sehr deutlich wird. Das ist eine akustische Variante, die gesondert betrachtet werden sollte, um die phonologische Bewusstheit zu fördern.

Und zu guter Letzt haben wir – wenn auch selten – noch das „Ch" in Wörtern, die aus anderen Sprachen übernommen wurden, wie z.B. in Charlotte oder Rochade.

Wir hängen in der Klasse eine Tabelle für die verschiedenen akustischen Erscheinungsbilder des Ch auf – die Fremdsprachvariante nehme ich nur dazu, wenn die Kinder danach fragen.

Schnarcher-ch	Knaller-Ch	-chs
doch	Chemie	Dachs
nicht	Chiemsee	Luchs
machen	China	wachsen
suchen	Christ	Lachs
kochen	Christine	Wachs
Dach	Chrom	Flachs
Loch	Chlor	Ochse

Das Sch schnauft ganz fürchterlich

Wörter mit Sch sind leicht zu finden:
Wir sammeln sie gemeinsam, schreiben sie an die Tafel und umfahren die Sch/sch.

Schere   schreiben   löschen   schön
mischen   Schule …

… und viele andere.

Ü wie Überfall

Tatü macht das Martinshorn der Polizei.
Dann darf sie alle überholen.
Hoffentlich gab es keinen Überfall.

Popcorn – Plopcorn

Sarah kann heute in der Schule gar nicht richtig stillsitzen. Sie freut sich so auf den Nachmittag, denn die Mama will mit ihr Popcorn machen. Gestern haben sie schon Mais eingekauft. Sarah kann sich gar nicht vorstellen, wie aus den gelben, harten Körnern die weichen, weißen Bälle werden sollen. Das hat sie noch nie gesehen.

Endlich läutet es. Die Schule ist aus, und Sarah, die sonst auf dem Nachhauseweg immer trödelt, ist eine der ersten, die fix und fertig angezogen sind. Uli, ihre Freundin, kann sie gerade noch vor dem Schulhaus einholen. „Warum rennst du denn heute so?" keucht sie ganz außer Atem.

„Mama will am Nachmittag mit mir Popcorn machen", sagt Sarah, „da will ich ganz pünktlich daheim sein."

„Mensch, du hast's gut", mault Uli. „Mit mir macht keiner sowas!"

„Komm doch einfach zu mir", schlägt Sarah vor. „Um zwei Uhr fangen wir an."

„Abgemacht!" Vor Sarahs Haustür trennen sich die beiden Freundinnen.

Sarahs Mama ist ganz erstaunt, dass ihre Tochter schon da ist. Das Mittagessen ist fast fertig. Nach dem Essen räumen sie zusammen die Küche auf, und schon kann's losgehen. Es ist noch nicht einmal zwei Uhr, so früh sind sie heute dran!

Sarah darf Öl in den Topf gießen. Als es heiß genug ist, bekommt sie von Mama eine halbe Tasse Maiskörner, die sie in den Topf schütten soll. So wenig nur? Dabei soll doch der ganze große Topf voll Popcorn werden! Mama lacht. „Wart's nur ab!"

Als die Körner im Öl liegen, warten sie, bis das erste davon platzt und als weißer Ball hochspringt. Dann legt Mama den Deckel auf den Topf. Nun hören sie schon, wie es knallt. „Plop, plop, plop", schießt es von innen gegen den Deckel. In dem Moment läutet es an der Haustür. Sarah hat ganz vergessen, dass Uli kommen wollte.

„Ich mach schnell auf", sagt Mama. „Nimm ja nicht den Deckel vom Topf", schärft sie Sarah noch ein, „sonst springt das ganze Popcorn in der Küche herum."

Das Popcornfeuerwerk ist jetzt auf dem Höhepunkt angelangt. Plop, plop, ploploploplop, knallt es im Topf. Sarah würde zu gern sehen, was da los ist. Wenn sie den Deckel nur ein kleines kleines bisschen hebt? Das macht doch bestimmt nichts.

Vorsichtig hebt sie den Deckel ein wenig. Da fliegt ihr auch schon ein Popcorn an die Wange und ein zweites gegen die Stirn. Erschrocken lässt sie den Deckel fallen. Das hätte sie besser nicht tun sollen! Jetzt schießen die Popcornkugeln wie winzige, weiße Raketen in der Küche herum. Als Mama mit Uli hereinkommt, steht da eine ratlose Sarah in dem ganzen Tohuwabohu. Die Küche sieht aus wie ein Schlachtfeld.

Mama ärgert sich zuerst, aber dann muss sie doch lachen und sagt: „Nun gut, dann machen wir eben nochmal einen Topf voll, dann sieht Uli auch gleich, wie es geht. Aber jetzt bleibt der Deckel zu. Dafür werde ich sorgen!"

Es wird dann noch eine sehr vergnügliche Popcornparty. Die beiden Mädchen essen, bis sie fast platzen, und trotzdem schaffen sie es nicht, alles zu vertilgen. Als es für Uli Zeit zum Heimgehen ist, beschließen sie, bald wieder einmal Popcorn – Plopcorn zu machen.

Popcorn – Plopcorn

Pip, pap, pop,
im Topf, da macht es plop.
Die Körner knallen hin und her,
sie schießen kreuz und schießen quer.
Wann wird der Deckel aufgemacht?
Das hörst du schon: Wenn's nicht mehr kracht!

Zu dem Vers rhythmisch klatschen.

Pp

Popcorn Plopcorn

Lautgeste P

Ansicht von hinten. Wir stehen gerade, die rechte Hand wird flach auf den Kopf gelegt. Der Körper bildet den senkrechten Balken des P, der abgebogene rechte Arm die „Beule".

Das schmeckt gut mit P

Popcorn

Jede Sitzgruppe macht eine eigene Portion Popcorn. Für sechs Kinder brauchst du ca. ½ Tasse Popcorn und gut 2 cl Öl. In einer Kaffeetasse und an einem Schnapsglas markiere ich die Füllmenge mit Folienstift.

Das riecht gut mit P

Petersilie

Wortkarten

| Popcorn |
| macht |
| plop |

Ablauf beim Popcorn-Kochen

Ich zitiere aus meinem Buch Schreibvergnügen:[22]

„In der Schule teilte ich jedem Kind einer Sechsergruppe eine Aufgabe zu.

Erstes Kind: Popcorn in die Tasse füllen (bis zum Strich)

Zweites Kind: Öl ins Schnapsglas gießen (bis zum Strich)

Drittes Kind: Kochplatte anschalten (auf II)

Viertes Kind: Öl aus dem Schnapsglas in den Topf gießen.

Wir warteten alle einige Minuten, bis ich sagte, dass das Öl jetzt heiß genug sei (was dann der Fall ist, wenn die Ölfläche einen wellenförmigen, bewegten Rand bildet).

Fünftes Kind: Popcorn aus der Tasse in den Topf schütten.

Ich verteilte das Popcorn gleichmäßig durch Schwenken des Topfes. Alle schauten wir gespannt, wann das erste Korn zu hüpfen anfange. Als es so weit war, kam das letzte Kind der Gruppe an die Reihe.

Sechstes Kind: Deckel auf den Topf legen.

Dann horchten wir ganz mäuschenstill auf das Popcorn-Feuerwerk, das jetzt im Topf losging. Als das Geknalle langsamer wurde und schließlich verebbte, nahm ich den Deckel ab. Das „Aaah!" und „Oooh!" der Kinder beim Anblick des überquellenden Topfes war hörenswert. Ich salzte das Popcorn, füllte es in eine Schüssel und die nächste Gruppe kam an die Reihe.

Wer nichts zu tun hatte, konnte sich sein Buch, das wir immer unter der Bank liegen haben, holen und lesen oder sich mit Freiarbeit beschäftigen. Die meisten Kinder wollten aber am liebsten beim „Kochen" zuschauen. Mit jeder Gruppe, die drankam, ging es ohnehin etwas schneller, weil Topf und Herdplatte schon heiß waren. Für alle drei Gruppen brauchten wir nur 40 Minuten. Als alle mit dem Kochen fertig waren, deckten wir die Tische mit roten Papierservietten. Die Kinder stellten die mitgebrachten Kompottschüsselchen auf ihren Platz und ich verteilte in jeder Gruppe das selbstgekochte Popcorn."

---

[22] Christina Buchner, Schreibvergnügen, München, 1990, Seite 34 f.

Die Geschichte von Jocki Jockel

Wenn du in der Stadt wohnst, dann wirst du vielleicht gar nicht wissen, was es alles an Tieren auf einem Bauernhof gibt. Ich bin in einem kleinen Dorf aufgewachsen, und du kannst mir glauben: Es sind nicht nur Kühe und Schweine!

Unser Nachbar hatte zum Beispiel einen Puter, der furchtbar wild wurde, wenn er etwas Rotes sah. Im Sommer trug ich oft ein rotes Dirndlkleid, und wenn ich damit zum Milchholen kam, dann rannte der Puter ganz wütend auf mich zu, schrie gräßlich und wackelte dabei mit dem Kopf, dass die häßlichen roten Lappen unter seinem Schnabel nur so flogen. Da lief ich dann mit meiner Milchkanne, als ginge es um mein Leben! So ein Puter ist für ein kleines Mädchen schon ein gewaltiges Vieh, und deshalb wirst du sicher verstehen, dass ich mich da ganz entsetzlich fürchtete. Aber vielleicht wirst du dich wundern, dass auch ein ganz gewöhnlicher Gockel einem einen richtigen Schreck einjagen kann. Das muss allerdings dann schon jemand sein, der von Natur aus ziemlich ängstlich ist, so wie Herr Professor Schlaukopf. Von ihm will ich dir erzählen.

Professor Schlaukopf lebt in einer großen Stadt. Tagein, tagaus sitzt er über seinen Büchern und denkt nach. Er denkt viele furchtbar schlaue Sachen. Vor lauter Denken bemerkt er meistens gar nicht, ob die Sonne scheint, ob es regnet, ob es kalt oder warm ist. Aber eines Tages muss er seine Schwester im Krankenhaus besuchen. Sie liegt dort, weil ihr die Ärzte den Blinddarm herausgenommen haben. Und weil Professor Schlaukopf sich Sorgen um seine Schwester macht – schließlich ist sie ja auch nicht mehr die Jüngste! –, denkt er auf dem Weg ins Krankenhaus nicht so viel wie sonst über seine schlauen Sachen nach. Deshalb bemerkt er plötzlich, dass im Krankenhauspark die Tulpen blühen! Ganz erstaunt stellt er fest: Es muss ja Frühling sein. Er muss plötzlich auch daran denken, wie oft er als kleiner Junge mit seinen Eltern und seiner Schwester spazieren gegangen ist und wie sehr ihm das immer gefallen hat.

Als er dann bei seiner Schwester am Bett sitzt, sagt er nicht als erstes: "Wie geht es dir?", sondern: "Ich werde über Pfingsten aufs Land fahren!" Seine Schwester antwortet darauf gar nichts. Sie mustert ihn nur missbilligend, legt ihm eine Hand auf die Stirn und sagt: "Jeremias – entweder du hast Fieber oder du spinnst!"

Professor Schlaukopf lässt sich aber seine Idee nicht ausreden, und so kommt es, dass er drei Wochen später mit seiner Schwester Caroline im Zug nach Oberwiesenbach sitzt. Caroline ist inzwischen wieder völlig gesund, nur beim Spazierengehen ist sie noch etwas wacklig auf den Beinen. Sie hat es sich aber nicht nehmen lassen, ihren Bruder zu begleiten, denn sie ist der Meinung, ohne sie wäre er völlig hilflos.

Bald kommen die beiden am Bahnhof Oberwiesenbach an. Dort werden sie von Bauer Friedemann mit einem Pferdewagen abgeholt. Als Caroline dann ihr schönes Zimmer auf dem Bauernhof bezieht, hält sie die Idee ihres Bruders gar nicht mehr für so schlecht. Sie ist von den dicken Federbetten, den bunt bemalten Möbeln und der schönen Aussicht richtig begeistert.

Vor dem Abendessen machen Caroline und Professor Schlaukopf noch einen kleinen Spaziergang. Danach gehen sie gleich ins Bett. Der Professor räkelt sich noch einmal gemütlich, und schon ist er eingeschlafen. Er schläft tief und friedlich, so gut wie schon lange nicht mehr. Das Fenster hat er vor dem Schlafengehen noch weit geöffnet, damit er auch in der Nacht so viel wie möglich von der guten Luft erwischt. Du glaubst nun sicher, das geht die ganze Nacht so, aber pass auf: Jetzt kommt's!

Unter dem Fenster von Professor Schlaukopf liegt der Gemüsegarten, und der ist mit einem Holzzaun eingezäunt. Dieser Zaun ist der Lieblingsplatz von Jockel, das ist der Gockel, der zum Hühnerhof von Bauer Friedemann gehört. Jeden Morgen um Punkt vier Uhr sitzt Jockel auf dem Zaun und kräht aus Leibeskräften. Er hat eine besonders kräftige Stimme, und der Bauer Friedemann sagt oft: "Das ist gut, dass wir unseren Jockel haben. Da verschlafen wir auch ohne Wecker nie!"

Während nun Jockel auf den Zaun flattert und schon ein paar Mal unternehmungslustig mit den Flügeln schlägt, liegt unser Herr Professor immer noch ruhig und ahnungslos im Bett und schläft. Doch auf einmal – was ist das? Dieser mörderische Krach! Der Professor fällt vor lauter Schreck gleich aus dem Bett.

Sind das Räuber? Ist das ein Überfall? Nur schnell in den Schrank", denkt er sich, „damit sie mich nicht finden!"

Bauer Friedemann hat in seinem Zimmer nebenan das Gerumpel gehört, als der Professor aus dem Bett gefallen ist. Er denkt sich: „Da wird doch nichts passiert sein?" Zur Vorsicht schaut er lieber nach. Aber er klopft und klopft an die Schlafzimmertür, und niemand macht ihm auf. Inzwischen ist auch Caroline in ihrem Zimmer wach geworden. Sie kommt gerade dazu, als der Bauer ganz ratlos im Zimmer von Professor Schlaukopf vor dem zerwühlten Bett steht. Wo ist der Professor? Endlich hört man aus dem Schrank ein Geräusch. Als Bauer Friedemann hineinschaut, sitzt da ein bleicher und verstörter Professor, der gleich ruft: „Nicht schießen! Ich ergebe mich!" – „Aber Herr Professor! Es tut ihnen doch niemand was!"

Es dauert einige Zeit, bis aus dem Professor die ganze Geschichte herauszubringen ist. Doch dann muss Bauer Friedemann furchtbar lachen. Die ganze Aufregung war wegen dem Geschrei, das Jockel gemacht hat! Nun sind alle erleichtert.

Herr Professor Schlaukopf bleibt zwar diesen Tag im Bett, um sich von der Aufregung zu erholen. Am nächsten Morgen aber lässt er sich von Jockel nicht mehr erschrecken. Er verlebt noch eine schöne Zeit mit Caroline auf dem Bauernhof. Und als sie dann abreisen müssen, beschließen sie: Wir fahren bald wieder zu Bauer Friedemann!

Jockel, der Gockel

Auf dem Zaun, da sitzt ein Gockel,
unser schöner bunter Jockel,
und kräht laut sein Kikeri-kockel

– nein, das stimmt nicht: Kikeri-ki! –
morgens schon in aller Früh!

Bei „nein, das stimmt nicht" mit der Hand auf die Stirn schlagen;
zur letzten Zeile klatschen.

Jocki Jockel

Jj

Lautgeste J

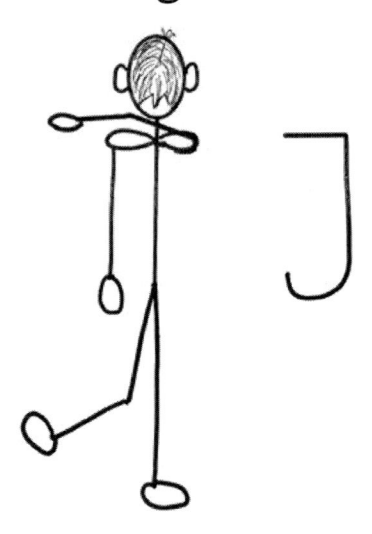

Ansicht von hinten. Gerade stehen, die rechte Hand wird auf die linke Schulter gelegt, die Handfläche zeigt waagrecht nach links, als Dach des J. Das linke Bein ist seitlich abgewinkelt.

Das schmeckt gut mit J

Joghurtbanane

Pro Joghurt eine Banane, etwas Zitronensaft, Zucker oder Honig. Banane in einem Suppenteller mit einer Gabel sehr fein zerdrücken, Zitronensaft und Zucker bzw. Honig dazu. Das Bananenpüree gut mit einem Becher Naturjoghurt vermengen. Eine Portion reicht leicht für zwei Kinder. Fertige Joghurtbanane in Kompottschüsselchen umfüllen. Dazu schmecken Kekse.

Das riecht gut mit J

Jasmin, Jasminöl

Wortkarten

| Jockel | schreit |

| laut |

Vroni Vogelschreck

Bauer Holzmeier ist wütend. „Diese Spatzen, diese frechen Viecher!" schimpft er aufgebracht. „Schon wieder sind sie in meinem Kirschbaum! Aber wartet nur, euch werd' ich's zeigen!"

Er zimmert aus ein paar Latten ein Gestell. Dann holt er eine alte Jacke, Rock, Hut, Handschuhe und Schal, ja, sogar ein Bündel Flachs zieht er irgendwo hervor. Was das wohl werden soll?

Er zieht nun Rock und Jacke über das Holzgestell. An den Seiten steckt er die Handschuhe fest. Da kommen gerade die Kinder von der Schule heim.

„Papa baut eine Vogelscheuche! Toll!" freuen sie sich. Und mit Feuereifer gehen sie ihrem Vater nun zur Hand. Sie holen ein paar alte Strümpfe aus dem Haus, stopfen sie mit Stroh aus und binden sie unter dem Rock fest. Nun hat die Vogelscheuche Schlenkerbeine. Das sieht wirklich gruslig aus. Aus dem Flachsbündel werden Zottelhaare, die ein grinsendes Gesicht einrahmen, und obenauf kommt der zerbeulte Hut.

„Die schaut ja aus wie eine alte Hexe", meint Franz. „Wie wollen wir sie denn nennen?"

„Vroni", schlägt Lisa vor, „Vroni Vogelschreck. Ich finde, das passt gut zu ihr." Franz ist einverstanden. Die Kinder schleppen Vroni nun unter den Kirschbaum. Dort steckt der Vater das Gestell fest in die Erde.

Franz und Lisa nehmen sich kaum Zeit zum Mittagessen, so neugierig sind sie, was die Spatzen machen werden, wenn sie Vroni sehen. Sie müssen doch fürchterlich erschrecken! Und wirklich: Der erste Spatz, der sich auf dem Kirschbaum niederlassen möchte, dreht rasch eine Kurve und macht sich wieder aus dem Staub. So geht es noch ein paarmal. An diesem Tag ist der Kirschbaum vor Plünderern sicher.

Aber am nächsten Tag sehen die Kinder, wie ein Spatz immer wieder um den Baum fliegt, immer näher zu Vroni. Jetzt umkreist er schon ganz frech ihren Kopf. Er setzt sich auf ihre Schulter. Und dann – das ist doch der Gipfel! – fliegt er ganz gemütlich in den Kirschbaum und isst sich satt. Die anderen Spatzen sehen das und kommen, erst vereinzelt und zögernd, dann in hellen Scharen, und fallen über den Kirschbaum her.

Vroni aber – so furchterregend sie auch aussehen mag – steht nur da und grinst ein bisschen dämlich.

Vroni Vogelschreck

Vögel, bleibt vom Kirschbaum weg!
Dort steht Vroni Vogelschreck!

Zottelhaare, Schlenkerbein,
sowas muss gefährlich sein!

Doch die Spatzen, diese Fratzen,
sitzen auf dem Baum und schmatzen!

Vroni aber – o wie dumm! –
steht nur da und lächelt stumm.

Zeile 1 und 2: Abwehrende Bewegungen mit den Händen.
Zeile 3: In die Haare fassen, mit den Beinen schlenkern.
Zeile 4: Mit erhobenem Zeigefinger warnen.
Zeile 5 und 6: Hände in die Hüften stemmen, betont deutlich sprechen.
Zeile 7: Auf Vroni deuten, dann die Hände hochheben.
Zeile 8: Arme verschränken, lächelnd nach allen Seiten sehen.

Lautgeste V

Gerade stehen, beide Hände schräg nach oben, sodass sie das V bilden.

Das schmeckt gut mit V

Vanillesoße

Soßenpulver für kalt gerührte Vanillesoße nach Anweisung zubereiten. Die Soße kann über gewürfeltes Obst gegeben werden, das die Kinder vorbereiten.
Mit etwas mehr Aufwand lässt sich auch gut Schokoladenpudding zur Vanillesoße kochen. Jede Gruppe muss dann von einem halben Liter Milch Pudding kochen. Das wird nacheinander erledigt. Jeweils eine Gruppe kocht, die anderen erledigen Freiarbeit oder Ähnliches. Das Einrühren des angerührten Puddingpulvers in die kochende Milch übernimmt die Lehrerin, alles andere können die Kinder vorbereiten. Am besten bringt jedes Kind ein Kompottschüsselchen mit.

Das riecht gut mit V

Veilchen, Veilchenöl

Wortkarten

Vroni	dumm
stumm	lächelt

V v

Vroni Vogelschreck

Vroni Vogelschreck

Zara Zefirotti

Tommi und Marion besitzen zwei Meerschweinchen, die sie sehr liebhaben: den Meerschweinchenmann Micky und die Meerschweinchenfrau Olga. Im Sommer dürfen die beiden nachmittags immer frei im Garten herumlaufen. Nein, du musst keine Angst haben, dass sie ausreißen könnten. Sie sind so zahm, dass sie sofort kommen, wenn man ihre Namen ruft.

Aber eines Tages ist es doch passiert: Als es abends Zeit wird, die beiden ins Haus zu bringen, kommt nur Micky, Olga ist verschwunden. Die Kinder laufen im Garten herum, rufen nach ihr, schauen unter jeden Busch, aber zwecklos: Olga ist und bleibt verschwunden!

"Vielleicht hat sie jemand gestohlen?" meint Tommi.

"Vielleicht hat sie sich verletzt und kann nicht mehr laufen?" meint Marion.

Die Kinder nehmen sich vor, am nächsten Tag morgens gleich weiterzusuchen. Da ist – Gott sei Dank – Samstag, und sie haben den ganzen Tag Zeit, nach Olga Ausschau zu halten. Doch auch heute haben sie keinen Erfolg. Nirgends ist auch nur die kleinste Spur von Olga zu sehen.

Da hat Marion eine Idee. "Wir könnten doch Frau Zefirotti fragen!" meint sie. "Ob das den Eltern recht wäre?" gibt Tommi zu bedenken. Frau Zefirotti ist nämlich Wahrsagerin. Sie kann den Leuten aus der Hand lesen oder die Zukunft aus dem Kaffeesatz weissagen. Für schwierige Fälle hat sie auch noch eine Kristallkugel, in der sie alles sehen kann. Ein bisschen unheimlich ist den Kindern schon bei der Vorstellung, zu ihr zu gehen. Aber sie sind so traurig wegen Olga, dass sie gar nicht mehr lange überlegen.

Zwei Häuser weiter wohnt Frau Zefirotti im dritten Stock einer alten Villa. Zaghaft öffnen die Kinder die schwere Haustür. Die Treppe knarrt so unheimlich. Am liebsten würden sie wieder umkehren. Aber was wird dann mit Olga? Nein, Frau Zefirotti ist ihre letzte Chance. Schließlich sind sie oben angekommen. Der sauber geputzte Klingelknopf aus Messing blinkt freundlich, und auf einem ebenfalls ganz blanken Messingschild steht in verschnörkelter Schrift:

Zara Zefirotti

Wahrsagerin

Gerade als Tommi zögernd die Hand ausstreckt, öffnet sich die Tür, und eine freundliche Dame fragt die Kinder: "Wollt ihr zu mir?"

Sie schaut gar nicht so unheimlich aus, wie sich die Kinder das vorgestellt haben. Eigenartig schon, ja, aber nicht unheimlich und schon gar nicht böse: Sie hat violette Locken und lange violette Fingernägel. Ihre Augenlider sind mit irgendeinem Glitzerzeug bemalt. Sie trägt einen schillernden Rock, der mit allerlei magischen Zeichen bestickt ist. Auf ihrer Bluse ist ein großes Z aus Perlen aufgenäht.

Marion hat sich als erste wieder gefasst. „Ja, es ist nämlich wegen ..." – „Ich weiß schon", unterbricht sie die freundliche Dame. „Kommt nur herein!" Die Kinder folgen ihr in ein Zimmer, das zwar auch seltsam, aber gar nicht unheimlich wirkt. Sie setzen sich, und Zara Zefirotti holt aus einem Schrank einen runden Gegenstand, der sorgsam in schwarzen Samt gehüllt ist. Da sehen die Kinder schon, dass sie richtig geraten haben: Es ist die Kristallkugel. Die Wahrsagerin legt sie vorsichtig auf ein ebenfalls schwarzes Samtkissen, und dann konzentriert sie sich so sehr, dass sie ihre Besucher völlig vergessen zu haben scheint.

Nach einer Weile sagt sie: „Ja, genau! Das ist es!" Sie wendet sich wieder den Kindern zu. „Jetzt weiß ich, wo euer Meerschweinchen ist. Ihr braucht keine Angst zu haben. Es ist ihm nichts passiert!" fügt sie schnell hinzu, als sie sieht, wie Marion ängstlich nach Tommis Hand fasst. „Es geht ihm sogar sehr gut. Eure Olga hat vier prächtige Kinder bekommen. Sie hat ihre Kinderstube in eurer Gartenhütte eingerichtet, ganz hinten im Eck, wo die zusammengelegten Säcke auf dem Boden liegen. Und die Schubkarre steht auch noch davor." Die Kinder sind zuerst sprachlos, doch dann wollen sie von Frau Zefirotti noch alles Mögliche wissen.

Doch die sagt: „Jetzt habe ich keine Zeit mehr. Es ist schon gleich Mittag, und da will ich meine Spaghotti essen." „Spaghotti?" wundern sich die Kinder. „Warum nicht Spaghetti?" – „Weil die nicht so gut zu meinem Namen passen", erklärt Frau Zefirotti und bringt die Kinder zur Tür.

Die springen erleichtert die Treppe hinunter, laufen zu Hause gleich in den Schuppen, und wirklich: Da liegt Olga ganz glücklich mit ihren vier Jungen. Und während Frau Zefirotti ihre Spaghotti isst, laufen die Kinder gleich zu den Eltern, erzählen ihnen ihr Abenteuer und zeigen Olgas Junge her.

Zara Zefirotti

Zara Zefirotti
isst so gern Spaghotti.
Hieße sie Zefiretti,
äße sie Spaghetti.

Beim Aufsagen besonders die Endsilben „-otti" und „-etti" betonen.

Zz

Zara Zefirotti

Lautgeste Z

Auf dem rechten Bein stehen, mit dem Gesicht in Richtung Zeilenanfang, das linke Bein abgewinkelt nach hinten strecken und den rechten Arm nach vorne.

Das schmeckt gut mit Z

Zitronentee, Zitroneneis

Zum Zitronentee passen gut Kekse. Zitroneneis kann in der Kühltasche mitgebracht werden. Dazu schmecken Eiswaffeln.

Das riecht gut mit Z

Zitronenöl, Zedernöl

Wortkarten

Zara

zaubert

Xaver macht Faxen

Du kannst dich sicher noch an die hopsende Hilda erinnern, die nur lernen kann, wenn sie sich bewegen darf. Nun ist Hilda ja nicht das einzige Kind, dem es so geht. Immer nur stillsitzen, das ist für viele Kinder eine schwierige Angelegenheit.

Manche Kinder machen in der Schule dann immer wieder Unfug, hampeln herum und tun so, als ob sie das waaahnsinnig lustig fänden. In Wirklichkeit schaffen sie es nur nicht, sich beim Lernen zu konzentrieren, und das ist für diese Kinder ganz schön lästig. Genau so ein Kind war der Xaver. Der sprang manchmal mitten im Unterricht auf, schlenkerte mit seinen Beinen und machte den Hampelmann. Die anderen Kinder mussten dann lachen, aber die Lehrerin fand es gar nicht lustig, wenn der Unterricht gestört wurde. Und weil sie gar nicht verstehen konnte, warum das für den Xaver so wichtig war, wurde er dann öfter mal geschimpft. Einmal musste sogar die Mama in die Schule kommen und sich von der Lehrerin anhören, wie unartig der Xaver doch sei. Dabei wusste die Mama ganz genau, dass der Xaver nichts lieber wollte als lernen und brav sein. Er schaffte es nur nicht und das war für ihn richtig schlimm.

Aber die Geschichte ging gut aus, denn Xavers Lehrerin bekam zu Weihnachten ein sehr schlaues Buch geschenkt, ein Buch, in dem von genau solchen Kindern wie Xaver berichtet wurde und in dem ganz genau erklärt wurde, warum das lange Stillsitzen im Unterricht für alle Kinder schlecht ist und für manche Kinder einfach gar nicht auszuhalten ist. In dem Buch hieß es auch, dass diese Kinder dann oft für unartig gehalten werden.

Da bekam die Lehrerin ein richtig schlechtes Gewissen, weil sie den Xaver so zu Unrecht geschimpft hatte. Aber weil sie eine nette Lehrerin war, die ihre Schulkinder richtig gernhatte, überlegte sie gleich, was sie nach den Ferien anders machen könnte.

Und stell dir vor, das machte sie dann auch wirklich. Die Kinder durften sich jetzt im Unterricht oft bewegen und auch die Lehrerin turnte mit und das tat allen richtig, richtig gut.

Xaver hatte daran die größte Freude, und wenn es dann wieder hieß: „Kinder, jetzt steht mal alle auf!", war er immer der erste, der bereit war. Da wurde dann gehüpft und gestreckt und gehampelt und das waren jetzt keine unartigen Faxen mehr, sondern das gehörte echt richtig zum Unterricht.

Ein X-Vers

Xaver macht
die tollsten Faxen,
wenn er schlenkert
mit den Haxen.

Zeile 1 und 2: Mit den Armen in der Luft herumfuchteln, dazu den Oberkörper hin und her bewegen.
Zeile 4 und 4: Gestreckte Beine abwechselnd nach vorne werfen.

Xx

Xaver

Lautgeste X

Mit gespreizten Beinen stehen, Arme schräg nach oben wie beim V, Arme und Beine bilden das X.

Das schmeckt gut mit X

Powermix

4 Bananen, 1 l Orangensaft, 3 Datteln mixen, eventuell Eiswürfel dazu. Diese Menge reicht für 4–6 Kinder.

Das riecht gut mit X

Kaffee-Extrakt

Das ist gefriergetrockneter Kaffee, der sehr aromatisch riecht. Natürlich ist das nur ein Beispiel für Extrakte. Aber Kinder lieben Fremdwörter, und du kannst ihnen bei dieser Gelegenheit erklären, wie Aroma-Extrakte hergestellt werden.

Wortkarten

| Faxen |

| Xaver |

Eulen heulen

Eulen heulen um die Wette,
Eulen heulen laut.

Eulen heulen um die Wette,
dass mir richtig graut.

Meine Ohren kriegen Beulen
Von dem ganzen Eulen-Heulen,
gestern, heute, jeden Tag!
Ob wohl wer das Heulen mag?

Huhuhuuu, huhuhuuu,
ich mag's nicht und was sagst DU?

Yvonne macht Krach

Heute geht es in unserer Geschichte um das Krachmachen, das ist ja etwas, das den meisten Kindern gut gefällt, und es ist ja auch nichts Schlimmes. Nur passt es halt nicht überall. Wenn du draußen bist und beim Spielen richtig laut brüllst, weil du ein Flugzeug bist oder ein Löwe oder ein Panzer oder sonst irgendetwas Gefährliches, dann ist das ganz in Ordnung.

Aber wenn nebenan dein kleines Brüderchen schläft oder sich dein Papa gerade zu einem Mittagsschlaf hingelegt hat, dann ist das natürlich nicht so praktisch. Yvonne ist ein kleines Mädchen und sie macht am liebsten Krach, wenn sie im Haus ist, zum Beispiel mit Topfdeckeln und Kochlöffeln. Das kann ganz schön lästig werden.

Eines Tages findet sie auf dem Speicher ein Instrument mit Holzstäben, so etwas kennt sie gar nicht. „Das ist ja das alte Xylophon von Onkel Martin!", ruft Mama. Das habe ich ja ewig nicht mehr gesehen. „Und da sind auch noch die Schlägel, die dazugehören!"

„Darf ich das in mein Kinderzimmer stellen?", bettelt Yvonne.

„Natürlich, das kannst du haben", meint Mama und denkt sich insgeheim, dass es sicher wesentlich besser ist, wenn Yvonne auf dem Xylophon spielt und nicht mehr so oft mit den Topfdeckeln Radau macht.

Aber ganz so, wie Mama sich das vorgestellt hat, geht es leider nicht, denn auch mit dem Xylophon kann Yvonne gehörig Krach machen. G'rad' lustig ist es, wenn sie mit den roten Filzschlägeln auf das alte Instrument haut, dass die Holzstäbe nur so wackeln.

Doch da kommt glücklicherweise Onkel Martin zu Besuch. Der freut sich richtig, als er sein altes Xylophon wiedersieht und er zeigt Yvonne auch gleich, wie sie darauf spielen kann.

Er lernt mit ihr das Lied von Bruder Jakob. Das ist gar nicht schwer und macht richtig Spaß. Yvonne hat jetzt ein neues Hobby: Sie spielt ihr Lied und singt dazu. Bald schon kann sie auch noch andere Lieder. Jetzt ist sie eine richtige Musikantin und das gefällt ihr sehr gut und ihrer Mama erst recht.

Habt ihr in eurem Klassenzimmer auch ein Xylophon?

Und hast du schon einmal versucht, darauf zu spielen?

Das würde dir bestimmt auch gefallen!

Ein Y-Vers

Yvonne macht Krach,
ihr hört das schon,
sie hämmert auf das
Xylophon.

Zeilen 1 bis 4: Mit imaginären Schlägeln in die Luft hauen.

Y y

Das Xylophon von Yvonne

Lautgeste Y

Auf einem Bein stehen und die Arme seitlich schräg nach oben strecken. Im Unterschied zum V stehen wir hier nur auf einem Bein. Beim V gehören nur die Arme zur Lautgeste, aber hier soll deutlich gemacht werden, dass auch noch der senkrechte Strich, also das eine Bein, zur Lautgeste gehört.

Wortkarten

Yak

typisch

Yvonne

Quittengelee

Wenn du einmal im Herbst in das Obstgeschäft kommst, siehst du vielleicht Quitten. Sie schauen ein bisschen so aus wie Äpfel und duften ganz herrlich. Es gibt sie nur im Herbst, sonst das ganze Jahr nicht. Wenn du aber glaubst, dass du in so eine Quitte einfach hineinbeißen kannst wie in einen Apfel oder in eine Birne, dann wirst du enttäuscht sein: Quitten sind nämlich hart wie Holz, und um sie zu schneiden, braucht man ein richtig großes Messer. Roh essen kann man sie überhaupt nicht, aber man kann ein köstliches Gelee aus ihnen machen. Ich sage dir das Rezept:

Du brauchst zwei bis drei Pfund Quitten. Deine Mama muss sie in Stücke schneiden. Du kannst das nicht selber machen, weil man dafür sehr viel Kraft braucht. Dann legst du die Quittenstücke in einen Topf, bedeckst sie mit Wasser und lässt sie kochen, bis sie weich sind. Das duftet herrlich im ganzen Haus. Den Saft gießt du ab und hebst ihn auf.

Die Quitten lässt du über Nacht durch ein feines Mulltuch abtropfen. Dafür kannst du eine alte Stoffwindel nehmen, mit der geht es am besten. Ich stelle immer einen Stuhl verkehrt herum – mit den Beinen nach oben – auf einen Tisch. An den vier Stuhlbeinen binde ich die Windel fest, so dass sie dazwischen hängt wie eine Schüssel. Unter die Windel stelle ich einen großen Topf. Dann schütte ich die weichgekochten Quitten in die Windel zum Abtropfen. Der Saft wird in dem Topf aufgefangen.

Am nächsten Tag geht es weiter. Du musst du den Quittensaft wiegen. Dann nimmst du so viel Gelierzucker, wie du Saft hast – also bei einem Kilo Saft ein Kilo Zucker –, und kochst den Saft mit dem Gelierzucker, bis er dick wird. Das nennt man: Er geliert. Dann füllst du das heiße Gelee in saubere Gläser. Es schmeckt köstlich auf einem frischen Brot mit Butter.

Wenn du ein Gelee ohne Zucker möchtest, dann kann deine Mama im Reformhaus Agar-Agar kaufen und das Gelee mit Honig süßen. Agar-Agar macht den Quittensaft dick, damit das Ganze ein Gelee wird, und der Honig macht das Gelee süß. Das schmeckt auch sehr gut!

Ein paar Qu-Verse

Willst du ein paar Quitten,
musst du recht schön bitten!

Die Qualle schwimmt im Meer herum,
sie quasselt nicht, denn sie ist stumm.

Isst du täglich deinen Quark,
wirst du später groß und stark.

Hört der Frosch nicht auf zu quaken,
musst du ihn am Halse packen.

Auf dem Berge Ararat
wohnt die Mutter Pietschen.
Wenn sie nichts zu essen hat,
fängt sie an zu quietschen.

Qu
qu

Quitte

Qu

Lautgeste Qu

Ansicht von hinten. Wir stehen gerade. Der linke Arm wird oben über den Kopf gelegt, sodass die linke Hand am rechten Ohr liegt. Der Daumen bleibt am Ohr, die restlichen vier Finger werden weggestreckt. Der rechte Arm wird am Ellbogen senkrecht abgewinkelt und zeigt nach oben.

Die „Gestaltungsidee", die dahintersteckt:

Der Kopf ist das O, die vom Kopf seitlich weggestreckten Finger sind der Schrägstrich des Q.

Der abgewinkelte rechte Arm stellt das u dar, das am Q hängt. Ich lerne den Kindern seit jeher des Q nur mit dem daran hängenden u und nicht „solo", wie es früher in manchen Fibeln stand. Wir nennen das Qu lautierend zunächst einmal „kw". Es ist auch nur die Speicherung mit dem u zusammen sinnvoll, denn es gibt im Deutschen kein Wort mit Q ohne u.

Das schmeckt gut mit Qu
Quittengelee

Das riecht gut mit Qu
Frische Quitten

Wortkarten

Quitten   quakt

Quittengelee – in der Schule gekocht

Ich habe das Qu immer erst im Herbst der zweiten Klasse „ordentlich" gelernt, gerade dann, wenn die Quitten reif waren, und habe dann in der Klasse Quittengelee gekocht. Das geht wirklich gut. Ich brachte einen Korb Quitten mit und ließ die Kinder erst einmal ausgiebig daran riechen. Nur selten war eines dabei, das diese Früchte bereits kannte. Dann durften jeweils zwei Kinder eine Quitte waschen. Weil Quitten eine pelzige Haut haben, müssen sie beim Waschen richtig abgerubbelt werden.

Die gewaschenen Quitten habe ich halbiert. Jedes Kind bekam eine Hälfte, die es in Stücke schneiden musste. Alle hatten ein Schneidebrett und ein Gemüsemesser dabei und ich achtete sehr darauf, dass die Quitten mit der Schnittfläche nach unten auf das Brett gelegt wurden, dann ging das mit dem In-Stücke-Schneiden gut. Die Quittenstücke kamen in einen großen Topf, wurden mit Wasser bedeckt und ich ließ das Ganze auf der Kochplatte im Klassenzimmer so lange kochen, bis die Quittenstücke weich waren. Das duftete herrlich.

Dann kam die Sache mit der Windel. Ein Stuhl aus dem Lehrerzimmer – du brauchst vier Stuhlbeine – wurde umgedreht auf das Pult gestellt und die vier Ecken der Windel mit Paketschnur gut an den Stuhlbeinen festgebunden. Unter die Windel stellte ich eine große Schüssel. Die gekochten Quitten wurden samt Saft in die Windel geschüttet und der Saft tropfte durch das Tuch in die Schüssel.

Am nächsten Morgen wurde die Windel noch gut ausgedrückt, sodass auch der restliche Saft aus den Quitten kam. Dann wurde die Flüssigkeit mit einem Messbecher abgemessen, in den großen Kochtopf geschüttet und im Verhältnis 1:1 mit dem Gelierzucker vermischt. Abwechselnd durften die Kinder im Geleetopf rühren, bis die Masse aufkochte. Dann übernahm ich den Kochlöffel und ließ das Gelee ca. 15 Minuten kräftig kochen.

Die Kinder hatten leere Marmeladengläser mitgebracht. Jedes Kind bekam einige Esslöffel Gelee in sein Glas. Den Rest füllte ich in Kompottschüsselchen zum Auskühlen.

Wieder einen Tag später aßen wir dann Butterbrote mit Quittengelee, das schmeckte köstlich.

Schlussgedanken

Nun habt ihr, liebe Leserinnen und Leser, Bekanntschaft gemacht mit meiner Methode, Kindern beim Lesenlernen als Helfer, Wegweiser, Motivator und Vorbild zur Seite zu stehen.

Ich wünsche mir, dass ich viele von euch ermutigen konnte, die Pfade fertiger Leselehrgänge zu verlassen. Es braucht tatsächlich Mut, eigene Wege zu gehen, aber es lohnt sich. Du findest in diesem Buch viele Vorschläge, wie du mit den Kindern konkret arbeiten kannst. Betrachte diese Vorschläge als einen bunten Bauchladen, aus dem DU dir das herausholst, was für dich und deine Klasse passt.

Als ich vor vielen Jahren begann, meinen eigenen Leselehrgang zu entwickeln, fragte ich mich schon manchmal: Kannst du auf Dauer genügend Übungsmaterial beschaffen und wird dir nicht irgendwann die Luft ausgehen?

Rückblickend weiß ich, wie richtig es war, damals meinem pädagogischen Instinkt zu folgen. Die Luft ist mir nie ausgegangen und Übungsmöglichkeiten fand ich immer ausreichend.

Im Gegenteil: Es kamen im Lauf der Jahre so viele Ideen und Übungsmöglichkeiten dazu, dass ich gar nicht alles in jeder Klasse zum Einsatz bringen konnte.

Was für mich allerdings all die Jahre unersetzlich war und sicher auch bleiben wird, das sind die Buchstabengeschichten und -gedichte. Ihre Figuren sind für mich fast wie Freunde geworden und haben inzwischen viele Kinder, Eltern und Lehrer, wie mir immer wieder berichtet wird, amüsiert und erfreut.

So sind sie – ob sie nun Anton, Otto, Dora Dussel, König Karl oder Tom Trampeltier heißen – die besten Botschafter für das, was ich auch heute noch, nach vielen, vielen Lehrerjahren, genauso leidenschaftlich wie zu Beginn meiner Laufbahn an Mann, Frau und Kind bringen möchte:

Lesen kann phantastisch sein!

Quellenverzeichnis

Adelheid Auf'm Kolk, Theodor Kuch, Bunte Lesewelt, Donauwörth, 1982

Katharina Berg, Astrid Eichmayer et al., Karibu Fibel, Braunschweig, 2014

Bruno Bettelheim, Kinder brauchen Märchen, München, 1982

Bruno Bettelheim, Kinder brauchen Bücher, München, 1985

Thomas R. Blakeslee, Das rechte Gehirn. Das Unbewußte und seine schöpferischen Kräfte, Braunschweig, 1992

Christina Buchner, Schreibvergnügen, München, 1990

Christina Buchner, BrainGym und Co, kinderleicht ans Kind gebracht, Kirchzarten, 1997

Christina Buchner, Neues Lesen – neues Lernen, Kirchzarten, 2003

Christina Buchner, Unterricht entschleunigen, Weinheim Basel, 2017

Christina Buchner, Disziplin – kein Schnee von gestern, Norderstedt, 2018

https://www.bundesregierung.de/breg-de/service/newsletter-und-abos/rundbrief-ausbildung/analphabetismus-ein-unterschaetztes-und-tabuisiertes-problem-in-deutschland-351602, zuletzt aufgerufen am 8.8.2022

Stanislas Dehaene, Lesen, München, 2012

Fara und Fu, Braunschweig, 2006

Cornelia Funke, Tintenherz, Hamburg, 2010

Martin Grunwald, Homo hapticus, München, 2017

Karibu, Fibel für Bayern, Braunschweig, 2014

Anni Leissl, Fibelkinder 1, München, o.J.

Horst Lemke: Mein buntes Bilderwörterbuch, München, 1970

Lesekartei Edition MOPÄD, Persen Verlag, Buxtehude, 2007

Nicole Namour, Andrea Wimmer, Jo-Jo Fibel, Berlin, 2014

Reichen, Jürgen: Lesen durch Schreiben, Zürich, 1988

Schwungheft 2, Regent Verlag Heimerl GmbH, 91180 Heideck

Maryanne Wolf, Das lesende Gehirn, Heidelberg, 2010

Über die Autorin

Christina Buchner war viele Jahre Lehrerin an Grund- und Mittelschulen und zuletzt 16 Jahre Rektorin an Grundschulen im Landkreis München. Von Beginn ihrer Lehrtätigkeit an beschäftigte sie sich intensiv mit den Voraussetzungen für erfolgreiches Lernen und entwickelte eigene Methoden für das Lesenlernen, für Rechtschreiben und für den elementaren Mathematikunterricht.

Sie veröffentlichte zahlreiche Bücher und Aufsätze für Eltern, Lehrer und Lerntherapeuten.

Ihr Wissen und ihre Erfahrungen gibt sie weiter in Vorträgen und Seminaren in Deutschland, Österreich, Italien, Luxemburg und der Schweiz.

Christina Buchner lebt mit ihrem Mann im Chiemgau und hat eine erwachsene Tochter.

Weitere Bücher:

BrainGym und Co, Kirchzarten, 1997 (VAK Verlag);

So lernen alle Kinder rechnen, Weinheim Basel, 2012 (Beltz);

Mathematik Arbeitsblätter für die erste Klasse, Weinheim, 2012 (Beltz);

Mathematik Arbeitsblätter für die zweite Klasse, Weinheim, 2013 (Beltz);

Unterricht entschleunigen, Weinheim, 2017 (Beltz);

Das Phantom Dyskalkulie, Weinheim, 2018 (Beltz);

Disziplin – kein Schnee von gestern, Norderstedt, 2018 (BoD).

Internet:

www.die-rechentante.de

www.christina-buchner.de